Ицхак
Адизес

ПОЛИТИЧЕСКИЕ ОЗАРЕНИЯ

МОСКВА

Рид Групп
2012

УДК 327
ББК 66
А 30

Перевод с английского — *Ф. М. Елистратов*

Научный редактор серии — доктор физико-математических наук *С. Д. Фурта*

Адизес И.

А 30 Политические озарения / И. Адизес. — М.: Рид Групп, 2012. — 240 с. — (Leader's Guide).

ISBN 978-5-4252-0491-2

Автор книги «Политические озарения» – всемирно известный эксперт в сфере менеджмента Ицхак Кальдерон Адизес. Базируясь на опыте консультирования органов власти ведущих держав, он исследует социальные и политические проблемы современного общества, проводит глобальный анализ существующего положения вещей и определяет основы будущего мироустройства. Среди героев книги — наиболее видные фигуры мировой политики, в числе которых Владимир Путин, Михаил Горбачёв, Слободан Милошевич, Винсенте Фокс и многие другие.

УДК 327
ББК 66

Научно-популярное издание

Leader's Guide

Ицхак Адизес

Политические озарения

Главный редактор *И. Федосова.*
Заведующий редакцией *А. Баранов.* Ведущий редактор *Е. Паникаровская.*
Художественный редактор *М. Левыкин.* Дизайн обложки *С. Владимиров.*
Верстка *Д. Злотников.* Корректор *О. Шаповалова*

ООО «Рид Групп»
Москва, ул. Россолимо, 17/1, тел. (495) 788–0075 (76)

Издание осуществлено при техническом содействии
ООО «Издательство АСТ»

Подписано в печать 05.03.2012. Формат 70 ×100 1/16.
Усл. печ л. 19,5. Печать офсетная. Бумага типографская.
Тираж 2000 экз. Заказ 3092.

Издано при участии ООО «Харвест». ЛИ № 02330/0494377 от 16.03.2009.
Республика Беларусь, 220013, Минск, ул. Кульман, д.1, корп. 3, эт. 4, к. 42.
E-mail редакции: harvest@anitex. by

ОАО «Полиграфкомбинат им. Я. Коласа»
ЛП № 02330/0150496 от 11.03.2009.
Ул. Корженевского, 20, 220024, г. Минск, Республика Беларусь.

ISBN 978-5-4252-0491-2

Originally Published by Adizes Institute Publications 1212 Mark Avenue Carpinteria Santa Barbara County, California, USA 93013 805-565-2901; Fax 805-565-0741 Website: www.adizes.com

МЕЧТАТЕЛЬ ИЛИ ПРОВИДЕЦ?

Зачем крутится ветр в овраге,
Подъемлет лист и пыль несёт,
Когда корабль в недвижной влаге
Его дыханья жадно ждёт?
Зачем от гор и мимо башен
Летит орёл, тяжёл и страшен,
На чёрный пень... Спроси его.

А.С. Пушкин

Есть идеи, которые никто ни у кого не заимствует, но которые тем не менее высказываются многими мыслителями одновременно. Пользуясь обыденными терминами, можно сказать, что идеи эти носятся в воздухе, философы же определят, что такие идеи имеют *архетипическое* значение. Тем более когда эти идеи касаются судеб современной цивилизации. А будущее нашей цивилизации туманно и тревожно, и отрывок из стихотворения А.С. Пушкина для метафорического описания современного положения в мире взят мной в качестве эпиграфа не случайно.

15 марта 2011 года в рамках семинара, посвящённого корпоративной социальной ответственности, организованного в Москве Институтом экономических стратегий, мне довелось прослушать лекцию президента Международной лиги стратегического управления, оценки и учёта профессора Робина Мэтьюза. Суть своего выступления г-н Мэтьюз проиллюстрировал несколькими графическими образами. Он нарисовал с десяток кругов, каждый из которых изображал либо отдельного индивида, либо некоторую организацию. Затем между некоторыми кругами он изобразил связи в виде линий. Вот по такой схеме некогда, по словам профессора Мэтьюза, могла существовать человеческая цивилизация. Отдельные её элементы были способны функционировать отдельно друг от друга либо становились зависимыми, образуя некоторые альянсы. Какова, по мнению про-

фессора Мэтьюза, графическая модель сегодняшней цивилизации? Отвечая на этот вопрос, он соединил линиями ВСЕ изображённые круги со ВСЕМИ. Ситуация в современном мире характеризуется английским словом *interdependency* — взаимозависимость. Ни один индивид, ни одна фирма, ни одна организация не может действовать сегодня, не оказывая заметное влияние на все остальные элементы сети (*global networking*). Недаром цепочка революций на Ближнем Востоке, уничтожившая казавшиеся незыблемыми политические режимы, началась с крайне незначительного на первый взгляд события: конфискации партии овощей и фруктов у тунисского торговца.

А вот ключевые мысли из книги, которую вы, уважаемый читатель, держите в руках:

> «Когда мы осознаём, что на глобальном уровне нет частных интересов, а есть интересы всего земного шара, перед нами тут же всплывет множество проблем...
>
> ...Мы все взаимозависимы; если каждая страна будет продолжать действовать, как будто значение имеют лишь её собственные интересы, проблемы не решатся никогда.
>
> ...Если мы взаимозависимы, мы должны действовать сообща. Сложившуюся на сегодняшний день ситуацию я бы назвал невзаимодействующей взаимозависимостью. Ни к чему хорошему это привести не может.
>
> ...Мы быстро приближаемся к развилке, на которой определится, есть ли будущее у нашей цивилизации. И в зависимости от того, как мы себя поведём, мы можем встретить либо новую эру Водолея, либо полный апокалипсис. Что нас ждёт? Удивительная новая культура, в которой поведение людей будет основано на полном доверии и взаимном уважении, или тотальное разрушение цивилизации?»
>
> Д-р Ицхак Кальдерон Адизес

Имя автора этих строк для российского читателя не нуждается в представлении.

Доктор Ицхак Кальдерон Адизес — основатель и директор *Adizes Institute* в Лос-Анджелесе, Калифорния, а также руководитель *Adizes Graduate School for the Study of Change and Leadership,* действующей при этом институте. Влияние работ доктора Адизеса на теорию и практику современного менеджмента, влияние его идей на умы управленцев и собственников бизнеса трудно переоценить. Ицхак Адизес — исследователь, посвятивший более 40 лет разработке и совершенствованию своего метода повышения эффективности корпораций за счёт глубоких и в то же время (и это, пожалуй, главное) безболезненных преобразований. Его перу принадлежит более 20 книг, посвящённых вопросам стратегического планирования, лидерству и различным аспектам менеджмента, среди которых абсолютные бестселлеры, как на западном, так и на российском рынках: «Управление жизненным циклом корпорации», «Идеальный руководитель», «Управляя изменениями» и другие. К услугам Ицхака Адизеса как консультанта обращаются крупнейшие мировые компании и правительства ведущих стран.

Книга, которую я представляю российскому читателю, не типична для Ицхака Адизеса. В самом её появлении, в жанре, в котором она написана, я усматриваю некоторый знак. Во-первых, уважаемый читатель, вы держите в руках не что иное, как электронные дневники д-ра Адизеса. С 2003 г. на сайте Института Адизеса под заголовком «*Insights*» — «Озарения» существует блог, содержание которого обновляется как минимум раз в неделю и в котором Ицхак Кальдерон Адизес делится с читателями своими мыслями не только на тему развития современного менеджмента, но и по многим актуальным проблемам бытия. Сам д-р Адизес признаёт: «*Я навсегда останусь частью доинтернетовского поколения... Интернет, блоги и сообщения в Твиттере хороши для быстрого и масштабного распространения информации, но мне они кажутся недолговечными, временными, а в книге есть некое постоянство*». Это отношение Ицхака Кальдерона Адизеса к книге как более значимому носителю информации побудило его опубликовать «Озарения» несколькими отдельными изданиями. Во-вторых, «Озарения» Ицхака Адизеса для российского читателя — это возрождение жанра литературных дневников, жанра некогда очень популярного, но почти совершенно исчезнувшего в последнее время.

Первая книга из серии «Озарений» посвящена политике. Почему? Во-первых, философы всегда утверждали тождество макро- и микрокосма, следовательно, для лучшего понимания процессов, которые происходят в отдельно взятой организации, нужно понимать происходящие ныне глобальные процессы. Во-вторых, никакая организация не существует в вакууме, политическое же окружение есть среда существования этой организации. В-третьих, современная цивилизация столь стремительно движется... не к краху, используем более осторожное определение, принадлежащее Ицхаку Адизесу, к *дезинтеграции*, что Адизес, как гуманист-мыслитель, не может не придавать этой теме первостепенное значение.

Так в чём же состоит позиция д-ра Ицхака Кальдерона Адизеса по глобальным вопросам?

Мир многообразен. Мир противоречив. Мир взаимозависим. А главное, мир развивается и изменяется. Эти обстоятельства порождают проблемы, а проблемы, в свою очередь, становятся источниками конфликтов.

> «Конфликт похож на бурное течение. Оно имеет колоссальную энергию, которая, например, может вырабатывать электричество, а может стать причиной разрушительного наводнения».

Конфликт может иметь конструктивное, а может — деструктивное разрешение. Адизес пишет о четырёх факторах, обращающих разрушительный конфликт в конструктивный:

- общее видение и ценности;
- наличие функциональной структуры (единого управления);
- грамотно организованный процесс принятия решений;
- люди, имеющие правильный взгляд на вещи.

Что может стать той интегрирующей ценностью, предотвращающей развитие конструктивного конфликта в деструктивный? Уважение. Определяя этот, увы, почти не используемый в современной политической риторике термин, Адизес апеллирует к Иммануилу Канту:

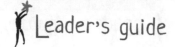

> «Уважение есть признание суверенного права другого человека быть не таким, как вы».

И далее, развивая эту мысль, он пишет:

> «Если в обществе преобладает такое отношение, мы открыты для изучения разных мнений. Нет особого смысла слушать только тех, кто с нами согласен, ведь этим мы только укрепляемся в своём (возможно, ошибочном) мнении. Выслушивая же оппонентов, мы обогащаемся новой информацией, и тем самым наши решения становятся более обоснованными. В результате мы учимся ценить несогласие».

Второй базовой ценностью, о которой пишет Адизес, является доверие.

> «Доверие отличается от уважения. Доверие возникает, когда есть осознаваемая всеми общность интересов и понимание, что будущее можно улучшить для всех, а не для какой-то отдельной группы. Людям свойственно бояться, что одни окажутся в лучшем положении за счёт других и что приносимые ради общего дела жертвы не будут равноценными; без доверия во взаимоотношениях между группами одна группа в конечном итоге чаще всего оказывается победителем, а другая – проигравшим. Если люди не доверяют друг другу, они много энергии тратят впустую на подозрения, бессмысленную конкурентную борьбу и т. д.».

Интересно, что именно общие ценности «доверие и уважение» в трактовке Адизеса дифференцируют демократические системы от тоталитарных:

> «Тоталитаризм делит все на черное и белое. Это просто и ясно, в отличие от сложной риторики демократов. Именно поэтому нетерпимые к инакомыслящим политические течения, государства и религиозные секты имеют преи-

мущество в периоды активных перемен. Именно поэтому, когда растёт темп перемен, усиливается и какофония демагогических лозунгов, политических и религиозных — мусульманских, еврейских, христианских. Это — одно из побочных проявлений прогресса».

Однако «уважение», которое проповедует Ицхак Адизес, отнюдь не означает повальной толерантности к деструктивным сообществам, включая террористические и фашистские.

«В такой… обстановке было бы в корне неверно разрешить кому бы то ни было подрывать устои нашего общества, демократические принципы или разжигать расовую вражду. Все нетерпимые течения, движения, организации и секты следует запретить, а образовательную систему выстроить таким образом, чтобы сформировать у людей установку на интеграцию, разнообразие и толерантность».

Но где же те функциональные структуры, которые смогут защитить право демократических стран на *«инакость»*, вытекающую из общих ценностей?

«Человечеству необходим единый руководящий орган, совет, который будет действовать в интересах всех землян… Кто будет в этом совете? Глобальная проблема требует глобального решения. В такой орган должны войти наиболее влиятельные люди во всех сферах. Они должны объединить в своих руках полномочия, власть и влияние (coalesced authority, power, and influence — CAPI). В этот совет должны войти и те, кто потенциально способен пустить под откос деятельность подобного органа власти; по моим наблюдениям, люди, которые гребут на лодке, не раскачивают лодку.

Зачем нам нужна группа, обладающая всей полнотой власти? Потому что механизмы, с помощью которых цивилизация до сих пор вырабатывала

> судьбоносные решения, более не работают. Нам нужен институт, способный принимать и реализовывать решения, учитывающие личные и национальные интересы, в том числе и тех людей, которые не участвуют в политике, чтобы формировать единую политику во всеобщих интересах. Располагая всеми рычагами власти, подобная группа будет иметь возможность и способности провести в жизнь нужные решения».

Далее Адизес подробно обсуждает вопрос, сможет ли таким органом стать Организация Объединённых Наций.

Кто же войдёт в обладающую всей полнотой власти группу, кто те *правильные люди,* имеющие *правильный взгляд на вещи?*

> «Помимо политиков, во Всемирный совет должны входить крупнейшие бизнесмены, ведущие деятели науки и искусств, религиозные лидеры, представители мировых СМИ. Среди них должны также быть технологи и интеллигенция — люди, «которые знают, КАК сделать то, ЧТО следует сделать». Они не обязательно должны отвечать за принятие или осуществление решений...»

Уважаемый читатель! Я думаю, что по мере чтения этих строк у вас накопилось много исторических аналогий. Созданием Всемирного правительства грезили многие политики прошлого. От их идей мы сегодня открещиваемся, как от утопических. Но утопических почему? Потому что не воплотились в жизнь тогда? Не воплотились, потому что мир оказался не готов к восприятию этих идей? Да и сегодня мир вряд ли готов к попытке реализации схемы мирового устройства по Ицхаку Адизесу. Есть только одно НО, разделяющее «сегодня» и «вчера». Сегодня мир настолько близко подошёл к дезинтеграции, что комплекс мер, предлагаемых д-ром Адизесом, возможно, является одним из немногих путей спасения цивилизации.

В этой книге вы, уважаемый читатель, найдёте ещё много интересных идей, высказываемых Ицхаком Кальдероном Адизесом на тему сегодняшнего и, возможно, будущего мирового устройства. Например, о роли бизнеса в обществе и политике:

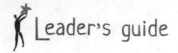

> «...И эта отлично оснащенная, эффективная машина стала жить собственной жизнью, подвергая опасности окружающую среду: наши воздух, воду и природные ресурсы. Бизнес располагает такими средствами, что непропорционально влияет на другие элементы общества, такие как политическое окружение. И на социальную среду, постоянно увеличивая пропасть между бедными и богатыми как в отдельных странах, так и глобально. Этот процесс затрагивает всё: окружающую среду, политику, общество, даже юридические структуры.
>
> ...Я хочу ясно выразить свою мысль. Я не говорю, что бизнесмены безответственны и не имеют совести. Многие из них видят, что мир идёт в неверном направлении, и объединяют усилия с некоммерческими организациями, пытаясь изменить планету к лучшему.
>
> ...Проблема не в людях. Проблема в том, что система сильнее людей. Мы всё ещё сами крутим баранку автомобиля, но в реальности он всё более и более управляется автоматическими компьютерными системами, и мы превращаемся в простых пассажиров».

Другая, для меня совершенно неожиданная мысль об *экспорте американской системы управления как тормозе демократии:*

> «Управленческие методы, которым мы учим других, не поддерживают демократию и не способствуют росту разнообразия стилей и интересов. То, что мы преподаём, практикуем и распространяем, подрывает демократию и насаждает диктат, в лучшем случае доброжелательный».

И очень трогательный, возможно, немного наивный призыв (в рамках базовых ценностей «уважения и доверия») учредить Всемирный день прощения:

«Я предлагаю учредить ежегодный День прощения, в который каждая нация должна просить прощения у тех, кому она причинила зло, и это совершенно не обязательно должен быть еврейский Холокост. В этот день турки должны признать преступления, совершённые ими против армян, а армяне признают, что и им есть в чем повиниться перед турками. Япония признает свои преступления против китайцев, а американцы — против индейцев. Представители всех общественных групп — женщины, мужчины, старые, молодые — должны продемонстрировать своё стремление никогда впредь не допускать ничего подобного».

Книга Ицхака Адизеса очень многогранна. Это не только глобальный анализ существующего положения вещей в мире и не только картины будущего мироустройства. Это и взвешенные мнения Ицхака Кальдерона Адизеса о событиях и политической ситуации в различных странах, в большинстве случаев основанные на опыте консультирования правительств этих стран. Эти части книги иногда напоминают жанр политических портретов. Среди «героев» Ицхака Адизеса — знакомые русскому читателю персонажи и не очень: Владимир Путин, Михаил Горбачёв, Слободан Милошевич, Бранко Црвенковский, Винсенте Фокс и др.

Вот, например, штрихи к политическому портрету Владимира Путина:

«Россия традиционно не только поддерживала власть, она её прославляла. Именно поэтому Сталин так долго оставался во власти. Тех, кто шёл наперекор этой культуре, как Борис Ельцин, общество отвергало и презирало. Ельцин появлялся на публике пьяным и даже танцевал как цирковой клоун. Благодаря его действиям распался Советский Союз, и многие обвиняют его в утере прежней славы России. Путин, напротив, воспринимается как человек, возвращающий русским гордость и чувство собственного достоинства. ...Я не оправдываю действия Путина. Нисколько. Но то, что он делает, вполне ожидаемо: не он, так кто-нибудь другой поступал бы точно так же. Путин понимает, чего от него хочет страна; он стремится вернуть российскому обществу точку опоры, потому что изменения, произошедшие в России, в буквальном смысле подорвали устои».

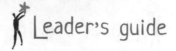

Портреты политиков, данные Ицхаком Кальдероном Адизесом, важны на фоне тех временных политических пейзажей, к которым они относятся. Анализируя с позиций сегодняшнего дня сделанные им некогда выводы, мы можем только подивиться провидческому дару Адизеса.

Вот несколько отрывков из бесед Ицхака Адизеса в 1991 г. со Слободаном Милошевичем, пришедшим к власти на волне лозунга «Косово — в Сербию»:

> «Вы должны отпустить Косово... Способ, которым вы получили власть, не годится, чтобы оставаться у власти. Косово — это гангрена Сербии. И она продолжает распространяться... Уходите из Косово, сократите свои потери, или вы подвергнете опасности всю Сербию».

Окончание противостояния Сербия — Косово хорошо известно. Декларация независимости Косово, провозглашенная утром 17 февраля 2008 г., была только последним актом в драме, которая началась давным-давно.

И ещё один показательный пример, по стечению обстоятельств также балканский. Д-р Адизес пишет:

> «В Черногории я читал лекции правительственным чиновникам. Некоторые из них с энтузиазмом рассказывали мне, что у Черногории сегодня большой профицит бюджета и положительный платёжный баланс. Они гордились иностранными “инвестициями”, которые наводняют страну.
> Меня это совсем не радует. По моему мнению, профицит и деньги в казне появились потому, что они распродают страну. Земля, фабрики, здания — всё продается, и другие страны, особенно русские, скупают всё это. “Это не инвестиции, — сказал я заместителю премьер-министра за деловым обедом. — Что вы будете продавать, когда всё, что можно продать, закончится?”»

Черногория — маленькая балканская страна, великолепная природа которой и живописные пляжи всё больше притягивают русских туристов. Уважаемые читатели! Был ли кто-нибудь из вас на великолепном черногорском курорте Петровац? Обратили ли вы внимание на один простой факт? Основной язык общения там — русский. По сути дела, вся значимая недвижимость в Петроваце, вся индустрия гостеприимства скуплена русскими бизнесменами. Не об этом ли предупреждал Ицхак Адизес?

Можно было бы привести ещё много примеров того, как провидел д-р Ицхак Адизес ту или иную политическую ситуацию, например, в современной Турции или в государстве Израиль. Но ограничимся лишь этими двумя примерами, поскольку в противном случае пришлось бы пересказывать всю книгу.

Дорогие читатели! Существуют четыре причины, по которым я настоятельно рекомендую вам прочитать эту книгу Ицхака Кальдерона Адизеса. Первая. Прочитав её, вы сможете приблизиться к пониманию современных тенденций развития мировой цивилизации. Вторая. Прочитав эту книгу, вы увидите для себя возможные выходы из тупика, к которому подошёл современный мир. Третья. Прочитав эту книгу, вы гораздо лучше станете понимать, какие политические процессы происходят в разных точках земного шара. И, наконец, четвёртая. И, возможно, главная. Прочитав эту книгу, вы сможете смотреть на окружающую вас действительность чуть добрее, чуть оптимистичнее. Так, как смотрит на мир Ицхак Кальдерон Адизес.

Станислав Дмитриевич Фурта,
профессор факультета инновационно-технологического бизнеса Российской академии народного хозяйства и государственной службы при Президенте РФ,
старший тренер тренинговой компании CBSD Thunderbird Russia

Моему другу и коллеге Карлосу Вальдесусо в день его 70-летия,
в ознаменование 30-летия нашей дружбы и сотрудничества

Введение

С 2003 г. на интернет-сайте Института Адизеса под заголовком «Insights» (в переводе с англ. «озарения») существует блог доктора Ицхака Кальдерона Адизеса. Мой электронный дневник обновляется как минимум раз в неделю и рассылается тысячам подписчиков.

В отличие от большинства других моих публикаций, это и в самом деле более озарения, нежели результат научных исследований. Я решил сказать миру то, что думаю, не избегая при этом критики. Критики всё это время хватало: в письмах многие выражали несогласие с моими наблюдениями или выводами, но продолжали читать блог, потому что он заставлял их задуматься. А это именно то, к чему я стремился.

Недавно я решил опубликовать эти заметки, объединив их в книгу. Я питаю к книгам глубокое уважение и считаю, что таким образом я навсегда останусь частью «доинтернетовского» поколения. Интернет, блоги и сообщения в Твиттере хороши для быстрого и масштабного распространения информации, но мне они кажутся недолговечными, временными, а в книге есть некое постоянство.

В этой книге — первой из серии «Озарений» — все заметки касаются государственной политики, как внутренней, так и международной. Нередко идеи для этих заметок я черпал из того, что слышал или чувствовал, знакомясь с различными людьми по всему миру в ходе консультаций, которые я давал правительственным чиновникам, законодателям и различным деятелям, вплоть до президентов.

Под влиянием откликов читателей я часто переосмысливал, редактировал и переписывал свои эссе, а также обновлял то, что считал нужным. В этой книге представлены те мысли, к которым я пришёл в начале XXI века, наблюдая перемены — и их невольные последствия — собственными глазами.

В частности, в своих «озарениях» я предлагаю собственное видение того, как различные страны мира — развитые и страны с переходной экономикой — ведут себя, сталкиваясь с различными вызовами: сначала с глобализацией и затем с финансовым кризисом. Последний, подобно вирусу, стремительно поражал одну страну за другой, подтверждая точку зрения, которую я неоднократно ранее высказывал: нравится это кому-то или нет, но страны должны научиться жить друг с другом, или они не выживут вообще.

Кое-что из написанного уже безнадёжно устарело (хотя и писалось менее пяти лет назад). Но это тоже удивительное наблюдение! Если моё собственное мнение кажется мне странным спустя всего-то три года, то это лишнее доказательство (можно подумать, что кому-то нужны доказательства), что изменения происходят всё быстрее независимо от того, способны ли люди к ним приспособиться.

Я надеюсь, что эти озарения станут предметом дискуссий.

Я хочу воспользоваться случаем и поблагодарить моего редактора, Нэн Гольдберг, которая помогла мне отточить формулировки моих идей.

Доктор Ицхак Кальдерон Адизес

Часть 1. Глобальные проблемы, вызванные переменами

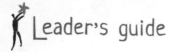

Непростые вопросы[1]

Мы быстро приближаемся к развилке, на которой определится, есть ли будущее у нашей цивилизации. И в зависимости от того, как мы себя поведём, мы можем встретить либо новую эру Водолея[2], либо полный апокалипсис. Что нас ждёт? Удивительная новая культура, в которой поведение людей будет основано на полном доверии и взаимном уважении, или тотальное разрушение цивилизации?

Позвольте кое-что прояснить.

Последствия перемен

Мы знаем, что перемены постоянны. Начало процесса изменений совпало с началом времен, а окончания не будет никогда. Среди прочего в мире происходят физические, технологические, социальные и экономические перемены.

Изменения не просто случаются. Они ещё и постоянно ускоряются. Сегодня в мире живёт больше учёных, чем было за всю историю человечества.

С одной стороны, перемены приносят нам новые стандарты жизни и даже продлевают её. С другой — они же приводят к стрессу и дезинтеграции, которые мы называем проблемами. А вовремя не разрешённые проблемы грозят превратиться в кризис.

---

1 Речь, произнесённая 22 января 2010 г. в будапештском Университете имени Матвея Корвина по случаю получения почётной докторской степени; опубликована в журнале Университета имени Матвея Корвина «Общество и экономика», декабрь 2010 г.

2 Среди современных эзотериков распространено мнение, что в астрологической эре Водолея человечество достигнет гармонии и взаимопонимания, высокого духовного уровня. Эра Водолея объединит все нации и отменит границы. Материальные ценности будут играть меньшую роль по сравнению с духовными. — *Прим. ред.*

Как перемены создают проблемы

Чтобы объяснить, как перемены разрушают привычный нам мир, позвольте мне начать с постулата: всё сущее образует систему, внутри которой есть другие, более мелкие системы (подсистемы).

Взаимосвязанные системы и подсистемы изменяются не синхронно: одни — быстрее, другие — медленнее.

Возьмите, к примеру, людей. Мы состоим из многих подсистем, среди которых физиологическая, интеллектуальная, эмоциональная, духовная. Они не всегда развиваются гармонично. И если развитие одних опережает другие, разрушается единство, целостность системы.

Мы можем представить себе человека, остающегося эмоционально подростком в биологическом возрасте 40 лет; физически же он может чувствовать себя на все 60 или, наоборот, даже не родившимся. Можно сказать, что у такого человека нет целостной личности.

Примерно так же обстоит дело и с корпоративными подсистемами. Например, в молодой, растущей компании обычно гипертрофированы отделы маркетинга и продаж, что приводит к быстрому росту продаж, а вот система управленческого учёта изменяется очень медленно. Результат — дезинтеграция: из-за нехватки информации менеджмент всё более утрачивает контроль над происходящим.

На макроуровне мы также испытываем деструктивное воздействие перемен. В настоящее время мир переживает третью глобальную революцию. Первая такая революция была аграрной, когда общество перешло от кочевого образа жизни к организованному сельскому хозяйству. Вторая революция стала промышленной; в её ходе ориентированная на сельское хозяйство экономика сменилась индустриальной. Побочным эффектом этого оказалась урбанизация, сопровождавшаяся, среди прочего, обезличением, массовизацией и дегуманизацией труда.

Сейчас происходит становление постиндустриального общества — «инфономики», или «экономики знаний», сопровождаемое новыми проблемами. Те, кто не смог приспособиться к изменениям, остаются без работы, разоряются и нищают.

По моему убеждению, преступления, например, есть следствие экономического, политического, социального или психологического диссонанса, вызванного переменами. То же самое относится к бездомности. И совсем нетрудно заметить, что географически всплеск разводов почти всегда хорошо коррелирует с социальными переменами.

Альвин Тоффлер в бестселлерах «Третья волна» (1980) и «Powershift» (1990) представил «волновую» социальную теорию, предсказав, что информационная революция вынесет на вершину пирамиды создания общественного благосостояния обработку информации как детерминант силы и богатства; трендом станет отказ от единства и стандартизации; усилятся региональные движения и сепаратизм; этнические государства начнут уступать своё привычное место транснациональным корпорациям, религиям и наднациональным организациям, таким как Европейский союз, NAFTA и Международный уголовный суд. Это похоже на стремительное течение. Оно имеет колоссальную энергию, которая, например, может вырабатывать электричество, а может стать причиной разрушительного наводнения.

Изменения постоянны. Изменения вызывают проблемы. Если своевременно не решать эти проблемы, возникает кризис.

Глубоко проанализировав любую проблему, не только общественную (а, допустим, проблему, связанную с вашим автомобилем, вашим браком, вашей карьерой), вы обнаружите у её истоков несоответствие, ставшее следствием развития. Но это ещё не всё.

Объединяющая сила перемен

Перемены не только ведут к распаду и дезинтеграции, но и объединяют людей. То же самое, что отдаляет людей друг от друга (Интернет, авиасообщение, телевидение, мировые платежные системы и т. д.), делает нас всё более взаимозависимыми, превращая мир в «глобальную деревню».

Мы можем видеть влияние центростремительных сил в общественных науках: начиная с 80-х гг. XX века обучение и научные изыскания становятся всё более и более междисциплинарными. Учёные степени присваиваются в относительно новых отраслях, возникших на стыке традиционных дисциплин: нейробиологии, биохимии и геобиологии. Более невозможно игнорировать политические и социальные последствия, рассуждая об экономических явлениях. Появился даже такой феномен, как одежда унисекс, которая весьма символично отражает перекрытие полей, дисциплин и совокупностей знаний.

Всё это ведет к тому, что проблема, возникшая из-за перемен в одном конце земного шара, стремительно пересекает международные границы и барьеры, превращаясь в системное и даже глобальное явление. Подобного рода вызовы трудно, если вообще возможно, решить без глобального сотрудничества (на которое ещё нужно мобилизовать людей). Свиной грипп и мировой финансовый кризис 2008–2009 гг. — вот два примера кризисов, которые быстро стали глобальными и системными, влияя решительно на все сферы жизни от экономики до культуры и создавая политические последствия.

Решения > Разнообразие > Конфликт

Проблемы и кризисы требуют решительных действий. Но у любых решений есть свои собственные последствия: они вызывают конфликты, потому что у людей есть различные мнения о том, какой образ действий лучше. Например, либералы и консерваторы часто предлагают прямо противоположные подходы.

Кроме того, интересы людей разнообразны и часто противоречивы. Решение, которое устроит одного, часто может оказать негативное влияние на интересы других.

Таким образом, чем больше проблем, тем больше требуется решений. Чем больше решений, тем больше возникает новых конфликтов.

Вывод? Масштабные перемены приводят к множеству конфликтов. А чем больше конфликтов, тем сильнее стресс.

Есть известный психологический тест[3], который присваивает различным стрессорам (явлениям и событиям, вызывающим стресс) некий числовой эквивалент.

---

[3] Шкала стресса Холмса и Рейха (SRRS); *T. H. Holmes, R. H. Rahe* «The social readjustments rating scales», Journal of Psychosomatic Research, 11:213–218, 1967. — *Прим. ред.*

Например, потеря работы — очень сильный стрессор; смерть в семье тоже имеет большой вес. Даже у поездки в отпуск есть определённый коэффициент. Что их всех объединяет? Перемены.

Ни для кого не новость, что чем более развита страна, тем быстрее в ней происходят изменения, тем более население подвергается стрессу и тем более распространены психологические проблемы, становящиеся стрессорами.

Чтобы избежать стресса, люди — и страны — часто решают не решать проблему. Конфликт, связанный с решением, кажется хуже, чем жизнь с проблемой.

Но решение не решать означает отказ от активных действий. И это худший выбор, который мы можем сделать. Наше бездействие отнюдь не означает, что перемены прекратятся и проблема заморозится на какой-то стадии. Пока мы сидим сложа руки, мир изменяется, и наши проблемы лишь усугубляются. Непрерывные изменения постоянно вызывают дезинтеграцию; если проблемы не решать, неизбежен кризис, который уже не оставит нам возможности ничего не менять.

Конфликты несут жизнь

Мы должны отдавать себе отчёт в том, что конфликты всегда будут возникать независимо от того, решаем мы проблемы или нет. Единственный способ избежать конфликтов — не иметь проблем. Но это возможно лишь тогда, когда ничто не изменяется, что означает смерть. Жизнь означает перемены, а перемены неизбежно вызывают проблемы, которые нужно решать, а для этого собирать различные мнения и учитывать различные интересы, что чревато конфликтами.

Конфликты порождаются изменениями, составляющими саму жизнь.

Получается такая последовательность:

Изменения -> дезинтеграция -> проблемы -> потребность в решениях -> разнообразие мнений, суждений и интересов -> конфликты.

Войны тоже несут жизнь?

Перемены, проблемы, разнообразие и конфликты неизбежны. Они и есть жизнь.

Поскольку нельзя остановить перемены, конфликты неизбежны. Значит, неизбежны также войны, разрушение, уничтожение и в конце концов Армагеддон?

Все мы знаем, что конфликты бывают разрушительными. Они уничтожают браки, компании и страны.

Плохая новость заключается в том, что современные конфликты могут быть фатальными для человечества. Современные технологии способны разрушить всю нашу цивилизацию. Ядерное оружие обеспечило небывалый деструктивный потенциал людям, чьё поведение и ценности не сильно изменились со времён каменного века. Мы всё так же стремимся убивать всех, кто угрожает нам, хотя зачастую вся угроза сводится к религиозным или политическим различиям.

Я подписываюсь под словами Иммануила Канта: «Уважение есть признание суверенного права другого человека быть не таким, как вы».

В прошедшем веке люди уничтожали друг друга с невообразимым ожесточением и во всё возрастающем масштабе. Свирепость балканских конфликтов 90-х гг., где «просвещённые» и «образованные» европейцы вели себя как дикари, — пример того, что нас может ожидать.

Разрушительный конфликт не оставит нам шансов.

Значит ли это, что мы обречены?

Нет, не всё потеряно. Конфликт может быть не только деструктивным.

Обратите внимание на Швейцарию. Здесь живут немцы, французы и итальянцы, которые были костью в горле друг у друга ещё перед Первой мировой войной. Швейцария давно должна была разрушить себя изнутри. Но этого не произошло.

И все мы знаем о браках, в которых партнёры, невзирая на колоссальную разницу между собой, благополучно живут вместе долгие годы и не думают разводиться. Более того, многих эти различия только сближают.

Конфликт похож на бурное течение. Оно имеет колоссальную энергию, которая, например, может вырабатывать электричество, а может стать причиной разрушительного наводнения.

Один из основополагающих физических законов, закон возрастания энтропии[4], гласит, что в отсутствие консолидирующих усилий естественный ход событий приводит к дестабилизации и разрушению.

Мы должны взять нашу судьбу в свои руки. Мы должны действовать. И действовать правильно.

Карл Маркс и его попытка устранить конфликт

Карл Маркс жил и творил во времена промышленной революции в Европе. Он стал свидетелем конфликтов, вызываемых переменами. Чтобы избежать этих конфликтов и приносимых ими страданий, он придумал диктатуру пролетариата, подразумевая под диктатурой власть единственной политической партии. Его учение разрешало только одно мнение, одну точку зрения. Соответственно исключались конфликты в ходе принятия решения.

Никаких конфликтов интересов в коммунистической системе Маркса тоже не должно было остаться. В бесклассовом обществе, организованном по принципу «от каждого по способности, каждому по потребности», у всех должны были быть одинаковые интересы[5].

---

[4] Закон возрастания энтропии (также известный как второе начало термодинамики) гласит, что любая изолированная система может двигаться только от состояния с минимальной энтропией (порядок) к состоянию с максимальной энтропией (беспорядок). Любое движение в обратном направлении требует затрат энергии (которой в изолированной системе неоткуда взяться), и поэтому естественным развитием для любой замкнутой системы является рост беспорядка и дезинтеграции. — *Прим. авт.*

[5] *Карл Маркс.* Критика Готской программы. (*К. Маркс, Ф. Энгельс.* Сочинения. Т. 22, стр. 95—96). Именно в этом документе Маркс использовал ставшие классическими определения «диктатура про-

Фактически Маркс провозгласил, что по достижении коммунизма на земле не останется почвы для конфликтов, и воцарится всеобщее счастье.

Что же из этого вышло?

Чтобы не было конфликтов, не должно быть перемен.

Так и вышло. При попытке применить марксизм на практике наступила консервация. Искусство и промышленность Советского Союза остались в XIX столетии. Развитие во всех областях, кроме науки и военного дела, практически остановилось.

Маркс поставил правильный диагноз обществу, но предписал лечение, которое оказалось хуже болезни.

Никто в истории человечества не преуспел в том, чтобы надолго остановить перемены. И конфликты соответственно тоже.

Теория Пикко

Именно доктор Джандоменико Пикко, бывший личный посланник генерального секретаря Организации Объединённых Наций, помог мне понять, что в XXI веке основной конфликт разгорается между сторонниками разнообразия (демократические режимы) и их противниками (фашисты, коммунисты и исламские фундаменталисты).

Обе группы непрерывно сталкиваются с проблемами, вызванными переменами. Группа антиплюралистов пытается остановить изменения и тем самым навсегда избавиться от проблем, в то время как другая сторона поддерживает перемены и изо всех сил пытается найти способы защитить разнообразие, сделав конфликт конструктивным, а не разрушительным.

летариата» и «от каждого по способности, каждому по потребности». См. также Манифест коммунистической партии, написанный совместно с Фридрихом Энгельсом и изданный на немецком языке в 1848 году. – *Прим. авт.*

Конфронтация между плюралистическими и тоталитарными режимами тянется уже многие века, уходя корнями к противостоянию между Афинами и Спартой. В XX веке она вылилась во Вторую мировую войну, когда тоталитарные правительства Германии, Японии и Италии воевали против Соединённых Штатов Америки, Великобритании и других либеральных союзников, а сегодня в роли мирового врага демократии № 1 выступают исламские радикалы.

Предотвратить разнообразие невозможно

Борьба с разнообразием изначально обречена на поражение, потому что единственный способ ликвидировать его — остановить развитие. А развитие остановить нельзя, максимум — задержать. Проблемы, вызванные переменами, всё равно придётся решать рано или поздно. В конечном счёте любое решение покажет существенные различия во мнениях и суждениях и затронет множество интересов.

И даже если разнообразие вдруг удалось подавить, всё равно спустя какое-то время оно вернётся, просто потому, что люди изменяются. Невозможно навсегда законсервировать ситуацию, события и отношения между людьми, убеждения и верования. Даже в коммунистической партии существовали различные течения[6], то же самое верно и для сегодняшних исламских фундаменталистов (и любых других радикалов-тоталитаристов). Радикалы по определению не идут на компромиссы; и если они когда-нибудь откажутся от борьбы с иноверцами, то продолжат непримиримую борьбу уже друг с другом, находя всё новые и новые ереси в собственных рядах.

---

[6] *Роберт Сервайс.* Троцкий: Биография (Издательство Гарвардского университета, 2009). Один пример: Лев Троцкий, архитектор русской революции 1917 г., был выслан из страны в 1929 г. за высказывания против сталинской политики построения социализма в отдельно взятом государстве, которая сама по себе была чудовищным отклонением от канонов коммунистической теории, призывавшей к одновременной, международной перманентной революции. Троцкий был убит по приказу Сталина в Мексике в 1940 г. — *Прим. авт.*

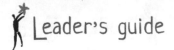

Сила никогда не уничтожит разнообразие. Фактически чем непримиримее становятся тоталитарные радикалы, тем более острые формы приобретает конфликт. Принуждая к единообразию, мира достичь невозможно. Напротив, мы только умножаем страдания.

Как превратить разнообразие в конструктивную силу

Если разнообразие неизбежно и вечно, что же делать с конфликтами, которые оно вызывает?

Позволю себе повториться: как бы то ни было, мы не должны ничего запрещать и даже минимизировать выбор. Это ничего не даёт и давать не может.

Вместо этого надо развивать механизмы, преобразующие разрушительный конфликт в конструктивную силу.

В некоторых странах этот механизм уже есть: он называется демократией. Но даже крепко укоренившиеся и эффективные демократические системы не могут шагнуть через национальные границы. Например, в демократических странах запрещено убивать инакомыслящих, что абсолютно не мешает правительствам этих государств приветствовать убийства своих политических противников, имеющих иное гражданство. Они даже делают героев из тех, кто в этом преуспеет более других.

На международном уровне нет ни структуры, которая могла бы разрешить глобальные противоречия, ни механизма реализации таких решений, ни даже понимания того, как всё это должно действовать. У нас есть Организация Объединённых Наций, по сути, просто форум, где отдельные государства представляют свои собственные интересы. ООН очень мало подходит для того, чтобы управлять глобальными интересами Матери-земли.

Нам нужно научиться, причём как можно быстрее, преобразовывать существующие и ожидаемые конфликты в конструктивную силу. Иного не дано.

Но как?

Взаимное доверие и уважение

Как определить, можно ли перевести конфликт в конструктивное русло?

За 40 лет консультационной работы с компаниями я пришёл к выводу, что конфликт может быть конструктивным (в противоположность разрушительному) тогда и только тогда, когда есть взаимное доверие и уважение.

Взаимное доверие и уважение — вот лекарство для лечения дезинтеграции, вызванной развитием.

Если развитие приводит к разрыву связей, к проблемам неравномерного роста, то противоядие — интеграция, воссоединение частей. Взаимное доверие и уважение — инструменты, позволяющие достичь этого.

Мы нуждаемся в культуре взаимного доверия и уважения на глобальном уровне.

Позвольте пояснить мою мысль.

Значимость уважения

Я подписываюсь под словами Иммануила Канта: «Уважение есть признание суверенного права другого человека быть не таким, как вы». Если в обществе преобладает такое отношение, мы открыты для изучения разных мнений. Нет особого смысла слушать только тех, кто с нами согласен, ведь этим мы только укрепляемся в своём (возможно, ошибочном) мнении. Выслушивая же оппонентов, мы обогащаемся новой информацией, и тем самым наши решения становятся более обоснованными. В результате мы учимся ценить несогласие.

У слова «уважение» на иврите два значения: «честь» и «ценность». Первое значение, на мой взгляд, скорее ритуальное, а вот второе — совершенно практическое. Когда я говорю «уважение», то имею в виду именно второй смысл, «ценность» кого-то. Эта ценность возникает тогда, когда мы даём себе труд учиться у тех, чьё мнение отличается от нашего собственного.

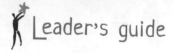

Взаимоуважение — необходимый компонент обучения и обогащения новой информацией; вы не можете учиться у людей, которых не уважаете. Вольтеру часто приписывают слова: «Я не разделяю ваше мнение, но я готов отдать жизнь за ваше право его высказывать»[7], демонстрирующие вид уважения, на котором основана демократия: уважение к инакомыслию и защита прав оппозиции.

В глобальном масштабе взаимоуважение означает уважение различных культур. Мы постоянно ищем что-то непохожее, незнакомое. Индуистская культура может научить нас непротивлению, медитации и йоге; протестантская — умению работать; еврейская культура — важности образования и т. д. На некоторые культуры принято смотреть как на нижестоящие (на цыган, например). Но и из цыганской культуры можно извлечь исключительно важный урок, урок наслаждения жизнью с неподдельной страстью.

Каждая культура предлагает что-то уникальное для всего человечества.

То же самое применимо и к политическому разнообразию. Консерваторы на всё смотрят иначе, чем либералы, но многое можно почерпнуть и у тех, и у других.

Можем ли мы по достоинству оценить взгляды, не совпадающие с нашими? Не знаю. Во всяком случае, мы должны. Когда нет взаимоуважения, люди постоянно пребывают в состоянии войны. Когда оно есть, мы шире смотрим на вещи и обогащаем свою жизнь.

---

[7] У Вольтера нет этой фразы, представляющей собой квинтэссенцию философии французского мыслителя. Впервые она встречается в книге «Друзья Вольтера» (1906), написанной Эвелин Холл (Таллентайр). — *Прим. ред.*

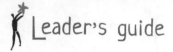

Значимость доверия

Доверие отличается от уважения. Доверие возникает, когда есть осознаваемая всеми общность интересов и понимание, что будущее можно улучшить для всех, а не для какой-то отдельной группы. Людям свойственно бояться, что одни окажутся в лучшем положении за счёт других и что приносимые ради общего дела жертвы не будут равноценными; без доверия во взаимоотношениях между группами одна группа в конечном итоге чаще всего оказывается победителем, а другая — проигравшим. Если люди не доверяют друг другу, они много энергии тратят впустую на подозрения, бессмысленную конкурентную борьбу и т. д.

> ***Мы все взаимозависимы; если каждая страна будет продолжать действовать, как будто значение имеют лишь её собственные интересы, проблемы не решатся никогда.***

Доверие возможно, когда есть взаимные интересы. И, так как взаимные интересы редко реализуются в ближайшей перспективе, люди должны быть уверены, что за долгое время ничего не изменится. Если мы доверяем друг другу, мы готовы отдавать прямо сейчас, ничего не требуя взамен; мы знаем, что когда-нибудь будем вознаграждены за это.

Каким же должно быть доверие на глобальном уровне? Необходимо ликвидировать пережитки колониализма, когда одни государства наживаются за счет других. Отношения должны быть равными — так диктуют общие интересы человечества, а не отдельных стран.

Когда мы осознаём, что на глобальном уровне нет частных интересов, а есть интересы всего земного шара, перед нами тут же всплывет множество проблем: загрязнение воздуха предприятиями Китая угрожает Калифорнии. Разрушение тропических лесов Бразилии грозит ухудшением экологии во всём мире. Мы все взаимозависимы; если каждая страна будет продолжать действовать, как будто значение имеют лишь её собственные интересы, проблемы не решатся никогда. Максимум — они переместятся из одного региона в другой, но всё равно вернутся к нам, только уже в форме кризиса, который станет угрозой для нас. Для всех нас. Это похоже на детскую игру в «горячий стул» .

Если мы взаимозависимы, мы должны действовать сообща. Сложившуюся на сегодняшний день ситуацию я бы назвал невзаимодействующей взаимозависимостью. Ни к чему хорошему это привести не может.

Хотим мы быть успешной цивилизацией или нет?

Предсказание Успеха

В течение многих десятилетий социологи искали определяющий фактор экономического успеха (под которым всегда однозначно понимался рост экономики). Технология? Свободный рынок? Доступность природных ресурсов? Размер рынка? Уровень инвестиций? Создание рабочих мест? Конкуренция? Социальная защита?

Я посвятил всю свою жизнь изучению этого вопроса и вот к какому выводу пришёл. Успех, независимо от того, что под этим словом понимать, есть функция одной переменной, которая является функцией четырёх переменных, которые, в свою очередь, связаны с четырьмя другими переменными и т. д. У основания этой пирамиды может быть миллион факторов[8].

Но что же за переменная вверху пирамиды? Культура. Самый большой актив, который может быть у любой системы (человек ли это, семья, бизнес-организация или страна), — это культура, способствующая взаимному доверию и уважению.

Именно этот фактор определяет количество энергии, которой располагает система, чтобы интегрироваться с окружающей средой.

Внешняя интеграция — показатель того, насколько организация удовлетворяет требованиям среды, в которой работает. Хорошо интегрированная система способна адаптироваться к изменяющимся условиям. Для человека, к примеру, сте-

---

[8] Более подробно об этом в моей книге *Mastering Change: The Power of Mutual Trust and Respect in Personal Life, Family, Business, and Society (Santa Barbara: Adizes Institute Publications, 1993)*. — *Прим. авт.*

пень интеграции может быть измерена затраченной на карьерный рост энергией. В деловом мире интегрированность измеряется энергией, потраченной на завоевание доли на рынке, а в геополитике — на реализацию промышленной или экономической политики, позволяющей стране встроиться в мировую экономику.

Внутренняя дезинтеграция измеряется тем, сколько энергии тратится впустую на внутреннюю борьбу с подозрениями, политические распри, злословие, проблемы коммуникации и т. д.

Когда система хорошо внутренне интегрирована, она слаженно работает, решая стоящие перед ней задачи и не тратя впустую драгоценную энергию на разрушительные внутренние конфликты.

Чем больше взаимного доверия и уважения, тем менее выражены симптомы внутренней дезинтеграции.

Почему это так важно?

Закон сохранения энергии гласит, что энергия изолированной системы сохраняется с течением времени. Другими словами, энергия не может возникнуть из ничего и не может исчезнуть в никуда, она может только переходить из одной формы в другую. Это означает, что любая энергия, потраченная на внутреннюю борьбу, потеряна для внешней интеграции.

Когда взаимное доверие и уважение сильны, уровень внутренней дезинтеграции низок и больше энергии можно направить на адаптацию системы ко внешней среде. И наоборот, если отсутствует взаимное доверие и уважение, много энергии тратится на внутренние конфликты, и так как энергия постоянна, на адаптацию её почти не остается.

Моё озарение заключается в том, что энергия в первую очередь расходуется на внутреннюю борьбу и только остатки её (если таковые вообще имеются) могут быть потрачены на внешнюю интеграцию.

Например, если человек болеет, у него не хватает сил на адаптацию к окружающей среде. Под этим я не обязательно имею в виду физически больного; это может быть просто чрезвычайно мнительный человек. Вся его энергия расходуется на внутреннюю борьбу: он страдает, задаваясь вопросом, что о нём подумают, и мучаясь относительно каждого решения, которое он принимает. Он перегружен внутренними конфликтами, которые не оставляют сил на внешние проблемы.

То же самое верно для компании. Если в компании тлеют «политические» конфликты, отсутствует взаимное доверие и уважение, энергия тратится впустую — до такой степени, что однажды мы вынуждены будем сказать клиенту, приехавшему на деловую встречу: «Давайте перенесём разговор на завтра. Все мои силы ушли на борьбу за сферы влияния, я не готов сейчас».

То же верно и для страны. Обратите внимание: наибольших экономических успехов достигают вовсе не те страны, которые располагают максимальными ресурсами или самой современной технологией, а те, которые взращивают культуру взаимного доверия и уважения. Швейцария и Япония, например. И Соединённые Штаты. Для США характерна толерантность и законодательный запрет дискриминации по религиозному, расовому или половому признаку. Именно поэтому во всем мире Америка известна как страна неограниченных возможностей.

Обратный пример: страна, располагающая огромными природными ресурсами, но испытывающая дефицит взаимного доверия и уважения, — ЮАР или Ангола. Комментарии не требуются.

Систему делает успешной не количество располагаемых ресурсов, а качество её элементов и связи между ними. Это и есть культура.

Как сделать конфликт конструктивным?

Теперь вопрос: как построить взаимное доверие и уважение?

Бессмысленно сложа руки ждать, пока всё само собой наладится. На самом деле чем чаще и серьёзнее происходящие изменения, тем более уязвимо взаимное доверие и уважение; больше проблем, которые порождают множество потенциально разрушительных конфликтов. Постоянный стресс никак не способствует росту взаимного доверия и уважения, если мы не прикладываем специальных усилий для поддержания толерантности и роста разнообразия.

Как это можно сделать?

Я обнаружил четыре элемента, сочетание которых превращает разрушительный конфликт в конструктивный. Вот эти факторы:

- общее видение и ценности;
- наличие функциональной структуры (единого управления);
- грамотно организованный процесс принятия решений;
- люди, имеющие правильный взгляд на вещи.

Давайте обсудим, что эти четыре элемента означают в глобальном масштабе.

Общее видение и ценности

Если наша цивилизация хочет избежать ускоренного движения к разрушительному конфликту, ей необходимо совершенно новое глобальное видение общественных отношений, в котором коллективные интересы будут безусловным приоритетом перед частными. Наличие различных культур должно восприниматься не как опасность, но как преимущество. Мы должны считаться не только с правами людей, но также с правами животных, должны защищать не только людей, но и животных, и всю окружающую среду. Нельзя продолжать истребление природы ради увеличения собственной выгоды. Я снова скажу: мы настолько взаимозависимы, что просто обязаны сотрудничать.

Президент Барак Обама неустанно, как молитву, повторяет в своих выступлениях, что мы нуждаемся в глобальном решении глобальных проблем, основанном на «взаимоуважении и взаимных интересах». (Отмечу, что взаимные интересы имеют те же корни, что и взаимное доверие, таким образом, мы говорим об одном и том же.)

Но все мы знаем, что благих намерений мало. Необходима новая структура, которая обеспечит становление нового глобального видения, основанного на взаимном доверии и уважении.

Функциональная структура (мировое правительство)

Человечеству необходим единый руководящий орган, совет, который будет действовать в интересах всех землян, а не форум, на котором отдельные страны обсуждают свои проблемы (я имею в виду ООН).

Кто будет в этом совете? Глобальная проблема требует глобального решения. В такой орган должны войти наиболее влиятельные люди во всех сферах. Они должны объединить в своих руках полномочия, власть и влияние (coalesced authority, power, and influence — CAPI)[9]. В этот совет должны войти и те, кто потенциально способен пустить под откос деятельность подобного органа власти: по моим наблюдениям, люди, которые гребут на лодке, не раскачивают лодку.

Зачем нам нужна группа, обладающая всей полнотой власти? Потому что механизмы, с помощью которых цивилизация до сих пор вырабатывала судьбоносные решения, более не работают. Нам нужен институт, способный принимать и реализовывать решения, учитывающие личные и национальные интересы, в том числе и тех людей, которые не участвуют в политике, чтобы формировать единую политику во всеобщих интересах. Располагая всеми рычагами власти, подобная группа будет иметь возможность и способности провести в жизнь нужные решения.

Помимо политиков, во Всемирный совет должны входить крупнейшие бизнесмены, ведущие деятели науки и искусств, религиозные лидеры, представители мировых СМИ.

Среди них должны также быть технологи и интеллигенция — люди, «которые знают, КАК сделать то, ЧТО следует сделать». Они не обязательно должны отвечать за принятие или осуществление решений. Я много раз сталкивался с ситуацией, когда люди, имеющие полномочия говорить «да» и «нет», не обладали реальными рычагами власти, и при этом у них обязательно не хватало знаний, чтобы принимать хорошие решения. Наоборот, те, у кого есть информация и знания, испытывают

---

[9] Подробнее о концепции CAPI см. *Mastering Change, гл. 7. — Прим. авт.*

недостаток полномочий или реальной власти. Самый плохой вариант — когда те, у кого есть возможность саботировать решения, ничего не понимают в этих решениях. Это просто разрушительные силы в чистом виде, без экспертизы или способности построить что-либо.

Грамотное построение процесса принятия решений

Мы всё ещё думаем о решении проблем как о последовательности: экономические изменения влекут за собой социальные, которые приводят к политическим; или же политические изменения вызывают экономические, которые обусловливают социальные... Но мир изменяется слишком быстро, и такая схема несостоятельна. Необходим системный подход: все компоненты нужно рассматривать одновременно, в комплексе.

Правильное отношение

Что я называю правильным отношением? Нам нужны люди, которые не боятся конфликта и знают, как сделать его конструктивным. Они должны быть авторитетными, имеющими власть и проявляющими доверие и уважение к другим.

Для этого нужно коренным образом изменить нашу систему образования. Сейчас мы ставим во главу угла принцип состязательности, а не сотрудничества, как в спорте, так и в бизнесе и даже в науке.

Нужно разработать методику, испытать и преподавать сотрудничество и взаимное доверие и уважение. Это должен быть главный компонент глобальной системы образования.

Неприятие тирании

Итак, наша цивилизация стоит перед беспрецедентным выбором. Мир может погибнуть в тотальной ядерной катастрофе или же окажется втянутым в бесконечную и бесперспективную борьбу с терроризмом, либо он может выбрать новую глобальную философию взаимного доверия и уважения. Только в этом случае у нас есть шанс превратить неизбежные конфликты, вызванные переменами, в конструктивную силу.

Попытки остановить перемены неразумны. Запрет на инакомыслие лишь вредит и в конечном счёте не работает. Остаётся единственный приемлемый выбор: мы должны собрать воедино все элементы — глобальное видение, управляющую структуру, процесс принятия решений и правильное отношение, что позволит нам поддерживать разнообразие и переводить возникающие конфликты в конструктивное русло.

Если мы постулируем толерантность, означает ли это, что мы должны терпимо относиться к тоталитарным политическим партиям и религиозным группам, выступающим против инакомыслия? Ведь иначе мы нарушим собственные принципы?

Нет.

Покойный ныне профессор Гарварда Сэмюэль Хантингтон в своей знаменитой статье «Столкновение цивилизаций»[10] и в книге «Столкновение цивилизаций и передел мироустройства»[11] показал, что после падения мировой социалистической системы самые серьёзные международные конфликты возникали не между классами или военными силами и даже не между странами, но между «культурами», объединёнными общей религией, историей, языком и традициями.

---

10 *Samuel P. Huntington* «The Clash of Civilizations?» Foreign Affairs, Summer 1993, p. 22–49.

11 *Samuel P. Huntington* The Clash of Civilizations and the Remaking of World Order (New York: Simon & Schuster, 1996).

Чтобы выжить, считал Хантингтон, Запад должен усилиться и защитить западную культуру. Как? Укрепляя и наращивая мощь союзов с культурно близкими либеральными странами. И ни в коем случае нельзя позволять себя ослабить, интегрируясь во имя толерантности с чуждыми и культурно несовместимыми элементами.

Я занимаю сходную позицию: мы не можем позволить различным тоталитарным теориям, режимам или культурам спокойно развиваться у нас («живи и дай жить другим») и подвергнуть опасности нашу собственную систему ценностей и наше видение общества, основанного на взаимном доверии и уважении. Мы не должны лелеять то, что может спровоцировать разрушительный конфликт и, возможно, даже убьёт нас.

На мой взгляд, демократические системы слишком терпимы. Политологи непрерывно спорят, допустимо ли существование в демократических государствах недемократических партий. Если бы мы жили в более стабильном обществе, где изменения происходят не столь интенсивно, я бы первым заявил, что свобода слова имеет абсолютный приоритет. Но там, где скорость перемен болезненно отражается на большинстве простых людей, всегда возникает соблазн решить сложные проблемы «простым путём», и почти всегда это будут экстремистские решения.

Тоталитаризм делит всё на чёрное и белое. Это просто и ясно в отличие от сложной риторики демократов. Именно поэтому нетерпимые к инакомыслящим политические течения, государства и религиозные секты имеют преимущество в периоды активных перемен. Именно поэтому, когда растёт темп перемен, усиливается и какофония демагогических лозунгов, политических и религиозных — мусульманских, еврейских, христианских. Это — одно из побочных проявлений прогресса.

Но чем больше очков набирают такие движения, тем в большей опасности оказывается разнообразие.

В такой нестабильной обстановке было бы в корне неверно разрешить кому бы то ни было подрывать устои нашего общества, демократические принципы или разжигать расовую вражду. Все нетерпимые течения, движения, организации и секты следует запретить, а образовательную систему выстроить таким образом, чтобы сформировать у людей установку на интеграцию, разнообразие и толерантность.

В мировом масштабе мы не можем запретить или объявить вне закона реакционные, нетерпимые и тоталитарные режимы. Но и поддерживать их мы также не должны. Для выработки верных решений нужен конструктивный конфликт, протекающий в атмосфере взаимного доверия и уважения; это невозможно, если его участники не разделяют одни и те же видение и ценности или, того хуже, планируют уничтожение инакомыслящих.

Мы должны бойкотировать нетерпимые режимы и изолировать себя от их разрушительного влияния. Будучи отрезанными от свободного мира и не имея возможности конструктивно использовать конфликт, они разрушатся изнутри, так, как это произошло с Советским Союзом и Югославией.

Наши цели — к чему мы стремимся и что нам с этим делать — не остаются постоянными, они меняются с течением времени. Каждая нация приспосабливается к быстрым и интенсивным переменам и привносит своё видение перспективы.

Существует ли выход? Я твёрдо уверен, что да. Он вряд ли похож на туристическую тропу, и вешки на нём не расставлены. Но он есть и ждёт, что мы его обнаружим.

Времени у нас не так уж много.

Что значит «ответственность»[12]

9 ноября 2008 г. я проводил консультации в Берлине. Я заметил напротив моего отеля здание с еврейскими буквами. Перед окружающим забор зданием были сложены сотни венков.

«Что там происходит?» — спросил я у дежурного полицейского.

«Это еврейский центр, а сегодня — годовщина Kristallnacht», — ответил он.

---

12 Озарения Адизеса. Март, 2009.

Kristallnacht («Хрустальная ночь»)[13] — это название ночи 9 ноября 1938 г. в Германии, когда подстрекаемые государством штурмовики разгромили тысячи еврейских учреждений. «Демонстранты» разбили все витрины еврейских магазинов, стремясь напугать тех, кто имел деловые отношения с евреями. Эта дата стала началом официального преследования евреев в нацистском государстве.

Каждый год в годовщину того позорного дня множество немецких организаций присылают цветы к еврейскому культурному центру.

В тот день я также наблюдал торжественную процессию численностью около тысячи человек, проследовавшую мимо Бранденбургских ворот. Это были не евреи; их не много живёт сейчас в Германии. Эти были немцы, стремящиеся привлечь внимание к позору Kristallnacht и гарантировать, что подобное никогда не повторится.

Близ Бранденбургских ворот в столице Германии расположен Мемориал жертвам Холокоста[14]. Это огромное поле, очень похожее на кладбище, всё сплошь уставленное цементными прямоугольными блоками разной высоты. Берлин ежегодно посещают миллионы туристов, каждый из которых непременно посещает Бранденбургские ворота и видит этот мемориал. Место выбрано не случайно.

При входе в мемориал расположен музей Холокоста, где хранятся документальные свидетельства, запечатлевшие злодеяния нацистов.

---

[13] Хрустальная ночь (Ночь разбитых витрин) (нем. Kristallnacht) — первая массовая акция прямого физического насилия по отношению к евреям на территории Третьего рейха, происшедшая в ночь с 9 на 10 ноября 1938 г. Поводом к началу еврейских погромов послужило убийство 7 ноября 1938 г. в Париже польским евреем Гершелем Грюншпаном советника германского посольства Эрнста фон Рата. В ответ в Германии была немедленно организована мощная пропагандистская кампания, а в ночь с 9 на 10 ноября в десятках городов Германии прошли еврейские погромы, в ходе которых был убит 91 еврей, сотни ранены и покалечены, около 3,5 тыс. арестованы и отправлены в концентрационные лагеря. Сожжены или разгромлены 267 синагог, 7,5 тыс. торговых и коммерческих предприятий, сотни жилых домов евреев. — *Прим. ред.*

[14] Мемориал убитых евреев Европы (нем. Denkmal für die ermordeten Juden Europas). Построен по проекту Питера Айзенмана, открыт в 2005 году. — *Прим. ред.*

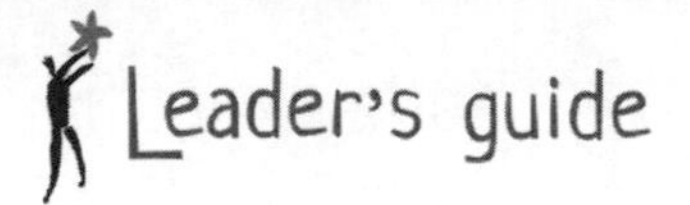

Мне этот музей кажется намного лучше, чем Яд ва-Шем[15], музей Холокоста в Иерусалиме или в Вашингтоне. Здесь более качественная экспозиция. Я даже нашёл имена своей бабушки и дедушки в списке высланных в Треблинку и снимки концентрационного лагеря, в котором я был.

Пример Германии

Музей Холокоста в Германии заставил меня задаться вопросом о других странах, которые совершили преступления против человечества. Способны ли они критически оценить свою историю? Ничего подобного мне в голову не приходит. Есть ли мемориал в России миллионам крестьян, убитых большевиками? Увековечили ли в Турции память армян, истребленных в 1915 г.? А японцы поставили памятник мирным китайцам, погибшим от рук японских солдат во время Второй мировой войны? В Сербии есть мемориал в память боснийцев, убитых в ходе этнических чисток?

Мы с готовностью увековечиваем в граните нашу собственную боль; а как насчёт боли, которую мы причиняем другим?

Развивая эту мысль, можно сказать, что на Ближнем Востоке (а равно и в любой отдельно взятой семье) не будет мира, пока каждый из нас не будет чувствовать чужую боль.

Немцы показали пример, которому должен последовать весь мир.

Я предлагаю учредить ежегодный День прощения, в который каждая нация должна просить прощения у тех, кому она причинила зло, и это совершенно не обязательно должен быть еврейский Холокост. В этот день турки должны при-

---

15 Яд ва-Шем — национальный мемориал Катастрофы (Холокоста) и Героизма. Находится в Иерусалиме на Хар ха-Зикарон (Горе Памяти). Основан в 1953 г. по решению Кнессета с целью увековечить память о евреях — жертвах нацизма в 1933–1945 г., разрушенных еврейских общинах; а также отдать дань уважения борцам против фашизма и праведникам мира, спасавшим евреев, рискуя собственной жизнью. — *Прим. ред.*

знать преступления, совершённые ими против армян, а армяне признают, что и им есть в чём повиниться перед турками. Япония признает свои преступления против китайцев, а американцы — против индейцев. Представители всех общественных групп — женщины, мужчины, старые, молодые — должны продемонстрировать своё стремление никогда впредь не допускать ничего подобного.

На Ближнем Востоке (а равно и в любой отдельно взятой семье) не будет мира, пока каждый из нас не будет чувствовать чужую боль.

При этом нельзя допускать взаимных обвинений, хватит искать виноватых. Давайте признаем причинённую друг другу боль, и это всё, что нам следует сделать. Хотя бы раз в году. Отложим претензии на другие дни. На Ближнем Востоке (а равно и в любой отдельно взятой семье) не будет мира, пока каждый из нас не будет чувствовать чужую боль.

Роль управленческого образования в развивающихся экономиках[16]

Уважаемый президент CEEMAN профессор Пёрг, деканы, преподаватели, дамы и господа.

Тема моего выступления — глобализация и её воздействие на управленческое образование.

Какую квалификацию следует иметь, чтобы преподавать этот предмет? Я читал лекции тысячам топ-менеджеров в пятидесяти двух странах и давал бизнес-кон-

---

[16] Речь на презентации Ассоциации бизнес-школ Восточной и Центральной Европы (CEEMAN) в университете Sabanci, Стамбул, Турция, 27 сентября 2007.

сультации половине из них в течение сорока лет, меж тем у меня нет научных трудов в этой сфере.

Кроме того, поскольку мои книги переведены на двадцать шесть языков, я узнал, что при переводе моих теорий управления даже очень компетентные специалисты столкнулись с серьёзными трудностями: на их языках нет нужных терминов. Это натолкнуло меня на озарение, которым я хочу поделиться сегодня с вами.

Не секрет, что западные, главным образом американские, теории и методы управления распространяются во всём мире, как пожар. Американские гиганты промышленности пропагандируют свою практику управления. Книги Ли Якокки и Джека Уэлча переводятся и тиражируются, как Библия. Западные школы бизнеса, снова главным образом американские, открывают отделения во всем мире, распространяя американские же управленческие теории и методы, а также функциональные дисциплины: маркетинг, управление финансами, логистику и т. д.

Можно ли сказать, что это мягкий, свободный от оценочных суждений, логический, системный процесс? Полагаю, нет. Более того, по моему мнению, то, что распространяется с теорией и практикой управления, в немалой степени несёт на себе печать политических теорий.

Для меня стало неожиданностью, что у англицизма management нет точного перевода ни на какие другие языки (кроме иврита, я полагаю). Все используют именно английское слово. Даже французы, которые возвели использование французских слов в ранг идеологии.

В испанском языке есть слова *administracion* и *direccion*, но нет точного аналога management. Фактически на испанском языке слово *manejar* (управлять) относится только к управлению лошадьми или автомобилями.

Вообще-то последнее не так уж и далеко от истины.

Пересматривая английские словари в поисках синонима к глаголу to manage, я обнаружил, что все они имеют общий знаменатель: предположение, что управление, как процесс, является односторонним потоком энергии. Я (менеджер, руководитель, лидер — различные слова, несущие один и тот же посыл: «я — управляю; вы — нет») решаю, что должна сделать организация, и затем приказываю выполнить

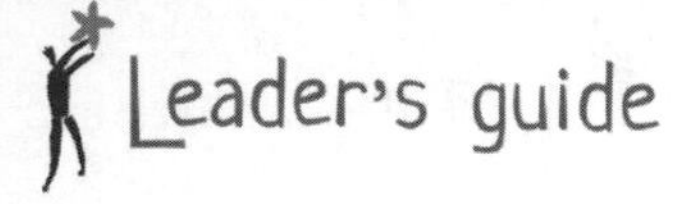

мои решения. Я хорошо справляюсь с работой, если удачно выбираю дорогу и если автомобиль или лошадь под моим управлением успешно выполняют мои планы.

Проведённый мною контент-анализ книг по менеджменту лишь укрепил это наблюдение. Вот некоторые из синонимов, которые я нашёл в этих книгах: *to govern* (править), *to control* (контролировать), *to handle* (вести), *to manipulate* (манипулировать), *to plan for* (запланировать), *to dominate* (доминировать), *to decide for* (решать). В этом контексте понятие «мотивировать» синонимично «управлять»: я знаю, что я хочу, чтобы вы сделали. Единственный вопрос: как я мотивирую вас, то есть как я заставляю вас хотеть сделать то, что я хочу, чтобы вы сделали?

Как мы можем определить понятие «лидерства» в организациях? Вот что Дуайт Д. Эйзенхауэр сказал об этом: «Лидерство — это искусство так заставлять других делать то, что ты хочешь, чтобы они думали, будто сами хотят этого». Японский предприниматель Коносукэ Мацусита[17] говорил: «Сущность управления вытаскивает идеи из голов руководителей и вкладывает в руки рабочей силы».

Вы видите, что этот процесс однонаправленный, то есть недемократичный? У тех, кем управляют, нет права судить о том, кто и как ими будет управлять.

Сравните слова *supervisor* (начальник) и *subordinate* (подчиненный). В первом есть приставка super (превосходящий), то есть «приставленный наблюдать». Во втором — приставка «sub», обозначающая подчинение, «тот, кому приказывают». Управление не только процесс. Оно также и классовый детерминант. Вы не находите, что эта система придумана для элиты?

Под давлением порожденной Интернетом и высокими технологиями «новой экономики» эта элитоориентированная, недемократичная парадигма управления может быть потеснена. Высококвалифицированные наёмные работники обладают солидными знаниями и инициативой. Они стремятся к самоактуализации и самовыражению. Последние разработки учёных принимают это во внимание и предписывают всё больше вовлекать наёмных работников в процесс управления. Даже тер-

[17] Коносукэ Мацусита (1894–1989) — японский предприниматель, основатель компании «Мацусита электрик», владелец торговых марок Panasonic, Technics, National. — *Прим. ред.*

мина «работники» нет больше — только «коллеги» или «сотрудники». Но, за исключением очень немногих профессиональных сфер, таких как консалтинг, не изменилась сама недемократическая парадигма элитизма. У тех, кем управляют, нет права судить о том, кто и как ими будет управлять.

Разве это не нелепо, что американские школы менеджмента насаждают во всём мире антидемократические процессы управления, в то время как тысячи американских солдат умирают в Ираке и Афганистане во имя распространения демократии?

Элитарная парадигма управления появилась из-за того, что отцы-основатели менеджмента опирались на собственный опыт, приобретённый в иерархических недемократических организациях — индустриальных или военных. Школа человеческих отношений Элтона Мэйо впервые обратила свой взор на человека — так появился бихевиоризм. Но это не изменило парадигму. Ни один из последующих экономических гуру, как теоретиков, так и практиков, тоже не отступил от неё. Поток энергии остаётся однонаправленным: я – управляю, вами — управляют. У вас нет никакой возможности повлиять на то, буду ли я вами руководить, и вы не можете выбирать методы, с помощью которых я буду осуществлять свои полномочия. Вы не можете даже заменить меня, но я могу заменить вас.

Американские школы менеджмента насаждают во всём мире антидемократические процессы управления.

Иными словами, в самом лучшем случае имеет место мягкий авторитаризм. Это напоминает отношения между родителями и детьми, и именно поэтому подобная управленческая система кажется нам естественной, а не странной, именно поэтому она так прочно укоренилась и продолжает широко практиковаться.

Экспорт недемократических процессов

Каковы последствия глобализации этой парадигмы?

Её принятие в стране с переходной экономикой или в бывшей колонии, получившей независимость, может самым пагубным образом сказаться на демократических политических процессах в обществе. Люди в развивающихся экономических системах не чувствуют, что они часть организации, на которую работают, потому что раньше их организация принадлежала государству или иностранцам, и тогда у работников не было права голоса. С чего бы им теперь всем вдруг поверить, что они могут оказывать влияние на большую политику? И раньше, и ныне с ними не считались и не считаются. Они импотенты, лишённые возможности как-либо влиять на ближайшее окружение даже там, где проводят большую часть своей жизни.

Элитарная недемократическая система управления только укрепляет это чувство отчуждения.

Всем известно, что порой простые люди восстают во имя демократии и готовы даже умереть за неё, но это происходит только после чрезвычайного и длительного притеснения. Подобная ответная реакция на диктатуру не способна заменить постоянное институциализированное участие граждан в политических процессах, направленных на демократизацию общества.

Классический менеджмент отнюдь не содействует демократическим преобразованиям. Напротив, как было показано выше, он их подрывает. Классический менеджмент способствует росту социальных различий и поляризации общества. Он активно утверждает систему, при которой вознаграждение руководителя за труд может быть в сто раз больше зарплаты рядового работника.

В Соединённых Штатах, где есть многочисленный и политически активный средний класс, эта практика не сильно отражается на общественных настроениях. В развивающихся же экономических системах это приводит к тому, что имущие формируют партии и рассматривают себя как политическую силу; остальные чувствуют себя маргиналами, не способными демократически отстаивать собственные интересы.

Каковы же последствия? Массовая депрессия и апатия тех, кто обречён на боль и безнадёжность. Насилие и разрушение — вот чуть ли не единственные доступные им средства, чтобы хоть как-то повлиять на окружающий мир или проявить некоторую власть.

Конечно, помимо элитизма и недемократичности, современный менеджмент имеет и другие особенности.

Управленческая теория и практика, особенно в Соединённых Штатах, основаны на теории Адама Смита о «невидимой руке рынка», постулирующей, что конкуренция на свободном рынке вовремя произведёт оптимальное распределение ресурсов. Человеческим эмоциям нет места в этой системе. Это чистая материалистическая экономика, совместимая с философией Томаса Гоббса («человек человеку волк»). Наличие бедных в этой теории не только допустимо, но и обязательно; система принимает как данность, что менеджмент и рабочие будут иметь взаимоисключающие интересы.

Такая богатая страна, как Соединённые Штаты, может спокойно пережить забастовки и другие социальные потрясения, но для подающей надежды экономики вызванная «классическим менеджментом» общенациональная стачка может обернуться куда более серьёзными последствиями.

Традиция индивидуализма

Страны с переходной экономикой и развивающиеся страны не только импортируют элитизм, конкуренцию, недемократическую философию и практику. Есть кое-что похуже. Западная теория и практика управления основаны на американской культуре индивидуализма: начиная собственное дело, предприниматель рискует во имя осуществления своей мечты. Он знает, что ставит на кон, он сам осуществляет полномочия, он сам несёт ответственность. Из этих индивидуальных предприятий со временем вырастают акционерные общества, в которых собственность отделена от управления и советы директоров принимают решения как группа, но парадигма индивидуализма не меняется. В компании есть президент, избранный правлением и отчитывающийся перед правлением, он всё так же несёт персональную ответственность: либо добиться результата, либо быть заменённым.

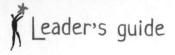

Этой персональной ответственностью пронизана вся система классического менеджмента. Участие в принятии решения — вовсе не краеугольный камень американской культуры. Здесь «время — деньги» больше, чем где бы то ни было (хотя китайцы быстро нагоняют). И так как участие в управлении отнимает время, оно воспринимается в лучшем случае как необходимое зло.

И что же здесь плохого?

Индивидуализм способствует одиночеству, и не только среди высших руководителей. Он проникает во все ветви менеджмента. В быстро изменяющемся окружении, которое постоянно выдаёт новые проблемы, одиночество означает непрерывное и неустанное напряжение.

Руководители страдают от напряжения, а работники — от нехватки внимания к их потребностям. Новоиспечённые менеджеры, недавно закончившие программу MBA, плохо себе представляют работу «на земле» (если вообще имеют о ней понятие). Если они и получили какие-то навыки прежде, чем стать менеджерами, это была управленческая работа.

Индивидуализм способствует одиночеству, и не только среди высших руководителей. Он проникает во все ветви менеджмента.

В развитых странах существуют огромные организации, причём они велики и численно, и географически. Для менеджера такой компании работник — просто имя и число. У руководителя, никогда не бывшего в роли «управляемых», редко возникает сочувствие к «работягам». MBA приучает менеджера гораздо больше беспокоиться о финансовой стороне дела. Если такой руководитель и проявляет интерес к проблемам подчинённых, это идёт от ума, а не от сердца.

Что мы имеем в результате? Культуру, где единым мерилом всего на свете становится доллар; окружение, на которое постоянно давят, чтобы удовлетворить постоянно растущим целям; конкуренцию на рынке и на рабочем месте; одиночество наверху, так же как и по всей структуре менеджмента; и нехватка подлинного сочувствия к «управляемым». И всё то, что я только что описал, не ограничивается работой. То же самое относится к социальной и личной жизни.

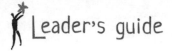

Таким образом, насаждаемый бизнес-школами «классический менеджмент» — намного больше, чем «управление». Развивающиеся страны импортируют культуру и политические установки, воздействующие на семьи, дружбу, на социальную ткань общества. И всё это вместе часто называется американизацией.

Проблемы качества жизни

Парадокс: в Соединённых Штатах уровень жизни выше, чем в развивающихся странах, но её качество ниже. У людей нет времени, чтобы побыть в компании друг друга, что-либо отметить. Starbucks — бледная тень европейских кафе, куда люди приходят общаться и занимаются этим в течение многих часов. В результате у нас, американцев, нет возможности должным образом удовлетворить одну из базовых потребностей человека. Несмотря на наличие трёх автомобилей в гараже и сытной еды на столе, люди одиноки.

Депрессия — самое распространённое психическое заболевание развитых стран. С другой стороны, в развивающихся странах, если только они не в состоянии войны, люди живут намного беднее, но вы повсюду видите искренние улыбки и неподдельный интерес и радость общения. Я слышу там намного больше смеха и песен.

Таким образом, наши школы менеджмента насаждают культуру, которая приносит экономические дивиденды за счёт эмоциональных и социальных потерь и не способствует демократии.

Есть другая проблема. Классические школы менеджмента исходят из экономических и политических условий, характерных для развитых экономик (прежде всего для Запада). Надо ли говорить, что они сильно отличаются от условий в тех странах, куда которых мы экспортируем свое образование?

Однажды я читал лекции высшему руководству в Нью-Дели (Индия) на тему «Как получить конкурентное преимущество». Во время перерыва ко мне подошёл один из слушателей и сказал: «Маркетинговая стратегия и изучение рынка — это для американцев, а для нас гораздо важнее знать, как будет действовать государство. Правительство и чиновники — вот самый большой и труднопреодолимый барьер. Главнейшее конкурентное преимущество заключается в знании и умении работать с бюрократией. Это намного важнее, чем рыночные исследования».

Учат ли в развивающихся странах классические бизнес-школы выстраивать отношения с государственными организациями? Рассказывают ли об этических проблемах лоббизма, о том, как работать с бюрократией?

В развивающихся экономических системах финансовые рынки неэффективны. Маркетинговые исследования недоступны. Квалифицированная рабочая сила малочисленна. В силу ограниченности доступа к информации, неэффективности или коррумпированности системы судопроизводства люди в этих странах не станут иметь деловые отношения с теми, кому не доверяют или за кого не поручился уважаемый ими человек. Здесь именно доверие — критическое условие для достижения успеха, в то время как на Западе больше полагаются на адвокатов, контракты и суд.

Что же мы делаем в развивающихся странах и странах с переходной экономикой? Учим создавать круги доверия, без которых здесь невозможен успех, или же бездумно переводим, копируем и читаем лекции с тем же материалом, что, скажем, в Гарварде? Насколько высокомерны мы можем быть?

Один размер не может подойти всем

Как насчёт принятия решений? В различных культурах это происходит по-разному, и часто совсем не по-американски. В Соединённых Штатах принято обсуждать проблемы открыто, тогда как в Китае подобное поведение может иметь неприятные последствия: оно будет воспринято как критика или даже как публичное оскорбление высшего руководства.

Вот другой пример. Если в Италии или Греции при обсуждении возникают разногласия, молчать никто не станет. Оппоненты сразу же огласят все имеющиеся аргументы. В этих двух странах действует неписаное правило: «Молчание — знак согласия».

А вот в Германии или Скандинавии молчание ничего подобного не означает. Напротив, тишина свидетельствует о несогласии: в этих странах люди не приучены открыто обсуждать спорные вопросы. По мере роста транснациональных корпораций межкультурные коммуникации превращаются в серьёзную проблему. Система, при которой один размер подходит всем (американская модель), не работает.

Вот ещё пример межкультурного противоречия. В тоталитарных режимах запрещено всё, что не разрешено в явном виде; в рыночной экономике и демократических государствах разрешено всё, что не запрещено.

В странах с переходной экономикой те люди, которые успели перестроиться раньше других, стали новой предпринимательской элитой. Остальные оказались в экономической ловушке.

Помогают ли школы бизнеса, действующие в странах с переходной экономикой, своим студентам вносить эти культурные и психологические корректировки или слепо преподают западные теории и методы, предполагая, что их студенты сами приспособят этот материал к окружающим реалиям?

До сих пор, говоря об управлении, я имел в виду интеграционный процесс. Но то же самое относится к функциональному управлению. Разумеется, финансы везде финансы, но крайне важно обратить внимание на местные финансовые рынки и потребности и преподавать микробанкинг, например, а не производные финансовые инструменты. И интересно, сколько стоимости мы действительно добавляем, рассказывая о сложных процессах управления цепями поставок и математических моделях контроля за состоянием складских запасов в странах, где откаты и коррупция важнее системы поставок? Вместо того чтобы преподавать цепи Маркофф, мы должны сначала и прежде всего делегитимизировать преступные схемы, показывая студентам, как коррупция разрушает систему, и обучая их, как следует с ней бороться.

А сами-то мы представляем, как это сделать? Что мы преподаём? То, что реально нужно людям, или же то, что мы знаем?

Культурный колониализм

Происходящее я бы назвал формой культурного колониализма, а бизнес-школы — одна из его главных «транспортных компаний» (другая — это СМИ). Конечно, это не заговор и даже не осознанное действие. Большинство людей просто не отдаёт себе отчёта в существовании культурных, политических и социальных аспектов классического бизнес-образования.

Почему западные — опять же главным образом американские — теории и методы управления так восторженно принимаются во всём мире? Почему популярность американской теории менеджмента растёт по экспоненте?

Я заметил, что весь мир трепещет перед американским успехом, невзирая на ожесточённую критику и отчаянное сопротивление. При слове «America» воображение рисует образы кадиллаков и вилл с бассейнами; легкодоступный секс; свободу слова; и свободу карьерного роста, не ограниченную возрастом, цветом, полом или этническим происхождением. Америка прочно ассоциируется со свободой и материальным изобилием. «Америка» и «Калифорния» давно уже стали эмоционально окрашенными словами.

Предложите нынешним критикам США выбор, и никто из них не откажется от американского образования, американского паспорта и, без сомнения, от американского уровня жизни. Очарованный Америкой мир думает, что своим процветанием она в немалой степени обязана менеджменту её компаний.

И тут я просто обязан кое-что сказать. Некоторыми американскими компаниями так ужасно управляют (даже при том, что у их руля стоят выпускники ведущих университетов, имеющие степень MBA), что если бы дело было не в США, они бы неизбежно обанкротились; они просто не могли бы противостоять трудностям и проблемам. С некоторыми из таких компаний я имел дело лично. Единственная причина, по которой они остаются в бизнесе, заключается в том, что Америка — чрезвычайно большой рынок. В силу своей необъятности он долго прощает ошибки; американские системы — финансовая, логистическая, коммуникационная — работают лучше, чем в других странах. Таким образом, эти менеджеры преуспевают вопреки самим себе. Как говорят в Кремниевой долине, «в тайфуне даже индюки летят».

В развивающихся странах или странах с переходной экономикой не редкость перебои со связью или электроэнергией. Процветает коррупция. Правит бюрократия. Всеобщее образование всё ещё остаётся мечтой. Инфляция порой бьёт рекорды. Правительство может заморозить частные активы в банках, как это было в Бразилии. Хаотичные изменения импортных квот и скачки валютных курсов похожи на шоковую терапию, вызывающую длительное «управленческое головокружение».

Управление в такой среде требует изобретательности, интеллекта, творческого потенциала, храбрости, решительности и намного большего количества оригинального мышления и гибкости ума, чем на стабильном американском рынке.

На мой взгляд, классическое западное бизнес-образование не обеспечивает реального ноу-хау, нужного выпускникам из развивающихся и переходных стран. Самый большой успех Америки — вовсе не система менеджмента, а её рыночная экономика и демократия, поощряющие и оберегающие разнообразие.

Управленческие методы, которым мы учим других, не поддерживают демократию и не способствуют росту разнообразия стилей и интересов. То, что мы преподаём, практикуем и распространяем, подрывает демократию и насаждает диктат, в лучшем случае доброжелательный.

Изменение парадигмы

Необходима новая парадигма теории управления: *универсальная* теория, не зависящая от культур, нейтральная и неэлитарная. Если она будет социальной и станет способствовать демократическим процессам, это приведёт к превосходным экономическим результатам.

Я с гордостью хочу сообщить вам, что создавал такую теорию в течение почти сорока лет, тестировал её более чем в пятидесяти двух странах как в промышленном, так и в непроизводственном секторах; эта теория прошла обкатку в коммерческих компаниях, государственных организациях, медицинских и образовательных учреждениях. Тысячи людей во всём мире прошли обучение по моей системе и используют её на практике, а несколько сот сертифицированных специалистов преподают её. Эта методология универсальна. Её применение ведёт к предсказуемым превосходным экономическим результатам. Она описана в моих книгах, видео- и аудиозаписях и в тысячах страниц учебников; моя методика признана несколькими образовательными учреждениями, присудившими мне почётные докторские степени.

Позвольте мне немного рассказать о ней. Я обещаю быть кратким.

Начну с определения менеджмента, определения, не зависящего от культурной среды, масштаба организации и даже её целей. Оно применимо и к коммерческим, и к некоммерческим организациям. Оно одинаково подходит к любой отрасли человеческой деятельности.

Что есть менеджмент? Это комплекс мероприятий, используемых людьми для того, чтобы сделать организацию эффективной и результативной[18] в краткосрочной и долгосрочной перспективе. Если управляемая организация неэффективна или нерезультативна (сейчас или в будущем), ею управляют плохо. (Замечу, что в некоторых языках нет точного перевода для используемых мною терминов: в русском нет точного аналога efficiency; на иврите нет аналога effectiveness.)

Обратите внимание: каждый, кто заставляет организацию быть эффективной и результативной теперь или в будущем, в соответствии с этим определением принимает участие в управлении. Управление есть функция, а не привилегия. Например, линейные сотрудники, продавцы и другие часто лучше знают потребности клиентов, чем менеджеры. Их вовлечённость и лояльность необходимы для того, чтобы сделать организацию эффективной. Именно они находятся на линии фронта, они удовлетворяют потребности клиентов. Без них организации вообще не будет.

Я обнаружил, что существуют четыре различных функции менеджмента, от которых зависит эффективность и результативность организации сейчас и в будущем.

---

[18] В оригинале – *effective and efficient. — Прим. перев.*

Вот они.

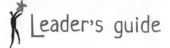

Производственная функция P (Producing) — производство результатов. Любая организация должна производить результаты, в этом цель и смысл её существования. Это *краткосрочная результативность* компании.

Чтобы быть *эффективной в краткосрочной перспективе,* организация должна подчиняться определённому своду правил, быть структурирована и систематизирована, дабы энергия не расходовалась понапрасну. Выстраивание процесса функционирования деятельности организации — административная функция A (Administrating).

Чтобы оставаться *результативной в долгосрочной перспективе,* организация должна быть проактивной. Необходимо предвосхищать перспективные потребности своих существующих и будущих клиентов и быть готовыми эти потребности удовлетворять. Это чревато рисками, поскольку будущее достоверно не известно никому. Проактивность требует введения новой функции предпринимательства E (Entepreneuring). (Здесь вновь необходимо сказать, что в некоторых языках, в шведском например, нет буквального перевода этого термина, а в иных, где подходящее слово есть, оно имеет негативную эмоциональную окраску. Так, в странах коммунистического лагеря предпринимательство расценивалось как спекуляция и подрыв государственной экономики и было уголовно наказуемым деянием.)

В каждой стране преподавание должно вестись с учетом местной культуры и специфики.

Наконец, чтобы быть *эффективной в долгосрочной перспективе,* организация не должна зависеть от одного человека, кем бы он ни был. Организация должна быть сплочена, и это ещё одна функция, интеграционная — I (Integrator). Интегратор создаёт ценности внутри компании, объединяет людей и заставляет их действовать сообща и согласованно. Он сосредоточен на человеческом факторе: как люди работают и почему.

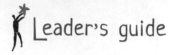

Не бывает совершенных менеджеров

Я обнаружил, что ни один отдельный менеджер, руководитель, лидер или родитель не может сочетать все четыре роли в себе и быть во всех успешным. Иными словами, нет и не может быть такого идеального руководителя, который сделает организацию успешной в кратко- и долгосрочной перспективе.

Моё открытие сводится к тому, что (вот удивительно!) нет совершенных менеджеров. Мы все несовершенны. Одни более, другие менее. Все мы — живые люди, со своими достоинствами и недостатками. Процесс создания организации слишком сложен для того, чтобы один человек, кто бы он ни был, оказался совершенным во всех четырёх ипостасях.

Существующая парадигма бизнес-образования исходит из ошибочного предположения, что идеального менеджера можно воспитать или обучить; что единственный человек способен справляться со всеми делами одинаково хорошо. Миллиарды долларов тратятся, образно говоря, на выращивание у кур зубов. Пора перестать заниматься сферическими конями в вакууме, нужно готовить взаимодополняющих членов управленческих команд.

Заметьте, что я ни разу не упомянул модное ныне «совместное лидерство» (Collaborative Leadership). Эта концепция исходит из того, что если руководитель чего-то не знает, он должен работать с другими людьми, имеющими необходимые знания. Но я не говорю о знании. Я говорю о стиле руководства. Необходимо сотрудничество разных стилей.

Почему? Человек, который хорош в роли предпринимателя (E), должен уметь рисковать. Он мобилен и мыслит общими категориями. Его функция нужна для сохранения мобильности и гибкости организации, но она также может привести к распаду и банкротству. Предприниматели обычно не задумываются о мелочах, а дьявол, как мы знаем, кроется в деталях. Предпринимателю нужен партнёр-администратор (A) — хладнокровный, обстоятельный, не склонный к риску. Вместе они будут принимать намного лучшие решения, чем каждый из них в отдельности.

И им, возможно, понадобится третий член команды, производственник (P), который ориентируется на действие и хочет видеть результаты, движение, а не только волнующее создание чего-то нового и анализ возникающих рисков.

И если эти трое мало задумываются о человеческом факторе, то им, конечно, понадобится четвертый — интегратор (I), который сможет сплотить организацию вокруг принятых решений.

Успешное управление никто не может осуществлять и не осуществляет в единственном лице. Это — командный процесс. Как воспитание. Студентов бизнес-школ следует учить, что успешный менеджер должен подбирать себе комплементарных лидеров. Это должны быть люди, чей стиль руководства отличается от его собственного. Каждый из них в отдельности не может стать успешным лидером независимо от того, насколько хорошо он решал задачи в бизнес-школе.

Каждый член команды важен не меньше других. Да, один из лидеров всегда будет первым среди равных, но без остальных принимаемые им решения неизбежно приведут организацию к провалу, поскольку любые решения обязательно отражают стиль руководителя.

Таков мой заключительный вывод о различных взаимодополняющих стилях, создающих необходимый баланс для поддержания в организации нужного уровня эффективности и результативности в настоящем и будущем.

Участие работников

Чтобы преуспеть, любой организации необходима заинтересованность и участие рядовых сотрудников. Согласно моей проверенной на практике методологии, работники должны участвовать в заседаниях правления компании и в других руководящих органах, принимая на себя часть ответственности за руководство предприятием. Мы должны сотрудничать, загодя учитывая интересы друг друга, а не спохватываться в тот момент, когда уже назрел кризис. Когда рабочие разделяют интересы владельцев и таким образом сотрудничают, компания быстрее производит необходимые изменения. Это важно для организации, существующей в изменяющейся окружающей среде. Работники должны быть частью управленческого процесса даже при том, что они не принадлежат к менеджменту. Управленческие роли отличаются, но, самое важное, между работниками и менеджерами нет коренного различия.

Наши будущие лидеры должны осознавать, что менеджмент, представляющий четыре различные функции и различные интересы, будет постоянно разрешать конфликты.

Конфликты неизбежны, но они должны быть конструктивными, а не разрушительными. Необходима культура взаимного доверия и уважения: весь коллектив организации должен понимать наличие общих интересов в долгосрочной перспективе (несмотря на явные противоречия в настоящем) и относиться друг к другу уважительно, чтобы слышать иные мнения, возникающие из-за различия стилей работы.

Хорошие менеджеры знают свои возможности, на которые налагает ограничения стиль работы; умеют работать с теми, кто играет иную функциональную роль, и не боятся конфликтов. Они окружают себя людьми, которым доверяют, и всегда готовы выслушать точку зрения, отличающуюся от их собственной. Они создают климат взаимного доверия и уважения.

Преподавая менеджмент в странах с переходной экономикой, мы должны рассказывать, как выстроить и поддерживать такую культуру. Для этого нужны единые ценности и общее видение, а также организационная структура, поощряющая сосуществование различных стилей. Будущие менеджеры должны уметь вырабатывать решения в ходе совещаний с участием всех функциональных лидеров. Они также должны уметь формировать управленческую команду.

Они должны уметь превращать разрушительный конфликт в конструктивный, управлять собственным эго и создавать атмосферу взаимодействия. Иными словами, менеджер — не тот, кто обладает определённым набором знаний, а тот, кто осознал собственную роль: человек, обладающий властью, обеспечивающий атмосферу взаимного доверия и уважения и при этом ставящий общие интересы выше собственных.

Учет местной специфики

В дополнение к изложенным выше принципам в каждой стране преподавание должно вестись с учётом местной культуры и специфики. В Израиле я предложил больше времени отводить на администрирование: обучению построению системы, отдаче распоряжений, процедурам, правилам, дисциплине — нашим предпринимателям этого часто недостает. Японцам я бы посоветовал глубже изучать индивидуальное предпринимательство. Им вообще следует сменить акцент в своей образовательной системе: сейчас она основана на запоминании знаний, а должна формировать навыки их получения. Им следует развивать творческие навыки и учиться терпеть разногласия.

А как насчёт Балкан и Ближнего Востока? Для этих культур характерна определённая особенность, назовём её паранойей. Это было бы смешно, если бы не было так грустно. Здешние руководители любые свои неудачи объясняют внешними причинами: за ними обязательно стоит сговор, всегда есть злодей, и никогда — системная причина. В этом регионе особенно важно развивать взаимное доверие и уважение.

Система обучения менеджеров в разных странах не должна быть просто заимствована из чуждой культуры. Она должна быть адаптирована к условиям, в которых предстоит работать будущим лидерам. В транснациональных корпорациях необходима универсальная теория управления: как работать в командах, представляющих различные культуры, и работать эффективно не вопреки тому, что мы разные, а благодаря этому. Различия обогащают нас знаниями; более того, они позволяют принимать лучшие решения, так как каждый из нас в отдельности не может судить о вещах объективно.

Работая в атмосфере взаимного доверия и уважения, мы обогащаем друг друга нашими различиями, ощущаем сущность демократии, добиваемся лучших результатов и создаём жизнеспособные организации. Такая работа обогащает нас эмоционально, социально и экономически.

Благодарю за внимание.

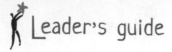

Терроризм — израильская проблема?[19]

Всякий раз, когда нам что-то не нравится или что-то нас тревожит, мы называем это проблемой. Идет дождь, нам холодно и сыро — проблема. Супруг-алкоголик — проблема. И кризис на Ближнем Востоке тоже проблема.

Но, назвав что-либо проблемой, мы не приближаемся к её разрешению. Часто, наоборот, это мешает нам, не давая собраться с силами и предпринять необходимые действия.

Предлагаю считать проблемой не то, что нам не нравится (нежелательное и/или неожиданное явление), а то, чем мы можем управлять, то есть решить проблему. Можете ли вы решить проблему с пьющим супругом? Нет, именно алкоголик должен найти в себе силы бросить пить. Если процессом нельзя управлять, то это уже не проблема, во всяком случае не ВАША проблема. Это — печальный факт.

Другая распространённая ошибка — определение проблемы через её причину, через вопрос «почему?». Почему этот человек алкоголик? Почему процентные ставки непредсказуемы? Предполагается, что, поняв причину, вызвавшую проблему, мы сможем найти путь её (проблемы) решения.

На самом же деле мы должны понять, КТО может решить проблему. Это отправная точка. Без этого якоря, если мы не понимаем, кто может помочь в решении проблемы, поиски причины представляют сугубо академический интерес. Ну поймём мы проблему глубже. Дальше-то что?

---

[19] Озарения Адизеса. Февраль, 2006 (отрывок).

Чья проблема терроризм?

Давайте взглянем на бедствия Ближнего Востока. Нам хотелось бы прекратить убийства и разрушения. Это факт. Но чья это проблема?

В прошлом Израиль мог бы выбрать лучшую модель поведения. Намного лучшую. И если бы это было так, возможно, нам не пришлось бы сегодня расхлёбывать то, что мы имеем. Но это было «тогда». А как насчёт «теперь»?

«Хезболла» публично провозгласила своей целью разрушение государства Израиль, и они делают то, о чём говорят. Израиль не может решить эту проблему, потому что Израиль не может изменить поведение «Хезболлы» независимо от того, насколько глубоко его войска входят в Ливан и сколько инсургентов они там убивают. На место погибших всегда приходят новые. Ливанская армия тоже не может управлять «Хезболлой». Два года назад ООН приняла резолюцию, требующую, чтобы Ливан разоружил «Хезболлу». Что получилось? Ничего! Они не могут этого сделать.

Сирия и Иран могли бы быть в состоянии остановить «Хезболлу». Так это их проблема? Нет, потому что действия «Хезболлы» там не рассматривают как нежелательные. «Какая проблема?» — спросили бы они.

Так чья это проблема?

Тех, кто может ею управлять.

Кто они?

Разоружение «Хезболлы» возможно под давлением мирового сообщества, но на это рассчитывать не стоит. Взгляните на Китай, импортирующий больше иранской нефти, чем любая другая нация. Китай мог бы использовать свои рычаги влияния на Иран. Вместо этого Китай поставляет Ирану ракеты в обмен на нефть; Иран передает эти ракеты «Хезболле», которая использует их против Израиля. Я прихожу к выводу, что если принять во внимание существующие интересы мировых держав, то проблема под названием «Хезболла» в данный момент неразрешима.

Международная коалиция для умиротворения Южного Ливана — это как повязка на ране: развалится при первом же сильном нажиме. «Хезболла» убила сотни американских морских пехотинцев, включая 241 морского пехотинца в ходе самоубийственной террористической атаки в 1983 г.

Что произойдёт, если «Хезболла» убьёт сотни солдат ООН? Коалиция объявит «Хезболле» войну или же свернётся и выведет из страны войска?[20]

«Хезболла» не одинока. Терроризм — глобальное явление, требующее глобального решения, но такого решения пока не найдено. Оно появится тогда, когда все, от кого оно зависит и кто в силах провести его в жизнь, осознают свою заинтересованность, соберутся и что-то сделают с этим. Но чтобы это произошло, ситуация должна стать намного хуже, чем сейчас.

Терроризм — глобальное явление, требующее глобального решения, но такого решения пока не найдено.

Каким же будет это решение? Начнёт ли мировое сообщество трудный и опасный глобальный поход против терроризма (включая «Хезболлу»)? Или же позволит стереть Израиль с политической карты, как угрожал президент Ирана? Возможно, это миру будет проще принять? Те, кто поддерживает последний вариант или же готов с ним согласиться, ошибочно полагают, будто исчезновение Израиля устранит терроризм.

Но задумайтесь, что привело к появлению Талибана? Израиль? Или терроризм в Чечне и Индии?

---

[20] Интернациональные силы Организации Объединённых Наций по поддержанию мира в Южном Ливане были созданы летом 2006 г. Резолюцией Совета Безопасности № 1701. Войска численностью 15 000 человек должны были помочь ливанской армии контролировать прекращение военных действий вдоль израильско-ливанской границы, гарантировать, что «Хезболла» откажется от агрессивных действий по отношению к Израилю, и проконтролировать вывод подразделений израильских вооружённых сил из Ливана. На практике боевые действия никогда не прекращались, продолжаются и ракетные обстрелы израильской территории, а «Хезболла» при поддержке «Аль-Каиды» часто нападает и на израильских солдат, и на «голубые каски». Ежегодно ООН продлевает мандат миротворческих сил. На сегодняшний день уже не так важно, останутся ли солдаты ООН или уйдут — они всё равно ничего не делают для разрешения проблемы. — *Прим. авт.*

Возможности Израиля

Поскольку глобальное решение глобальной проблемы пока не нарисовалось, что же остаётся Израилю? Делать то, что нужно для выживания, и, если потребуется, делать это в одностороннем порядке. Как в приведённом выше примере о супруге-алкоголике, Израиль должен определиться, принимая во внимание, хочет ли он оставаться там, где он есть сейчас, или подыскать себе другое место?

Сразу понятно, что представить себе шесть миллионов евреев, переезжающих куда бы то ни было, невозможно. Значит, Израиль должен продолжать бороться, и бороться упорно, за выживание.

К сожалению, чем отчаяннее бьются израильтяне, тем хуже становится ситуация. Это похоже на некоторые формы рака: чем интенсивнее лечение, тем больше метастазы. Чем сильнее удары по «Хезболле», тем активнее её поддерживает арабское население и тем больше новых повстанцев встают в строй. Конца этому не видно. Я видел лозунг на одной из арабских демонстраций: «Настоящий Холокост ещё впереди». Думаю, они искренне в это верят. Но этот новый Холокост, если ему позволят случиться, только начнётся в Израиле, но не кончится в нём; мусульманские фанатики готовы уничтожать всех «неверных».

Не Израиль спровоцировал террористические акты в Афганистане, Индонезии, Индии, в Мадриде, Париже и Лондоне. Террористическая война против Израиля — не израильская проблема. Это глобальная проблема. И если мир позволит «Хезболле» и ХАМАС победить, чей Холокост будет следующим?

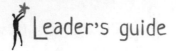

Терроризм: анализ и прогноз[21]

Чтобы решить проблему, её сначала надо определить. Давайте спросим: кто такие террористы и что они из себя представляют?

Террористы убивают и калечат невинных людей, но точно так же поступают любые армии в ходе боевых действий. Жертвы среди гражданских лиц в Хиросиме и Нагасаки были не случайными: бомбы умышленно сбросили на них. Но мы же не называем эти бомбардировки терроризмом.

Так что же отличает террористов? То, что они не ведут переговоров со своими врагами. Их позиция: «Уступи нашим требованиям или получи наш террор!» Террористы не идут на компромисс. ХАМАС, к примеру, устроит только полная ликвидация государства Израиль. А что насчет «Аль-Каиды»? Кому-нибудь известно о компромиссе, который мог бы её убедить остановить террористическую деятельность?

Опасная путаница

Есть ли различие между «террористами» и «борцами за свободу»?

И те, и другие убивают гражданских лиц; и те, и другие используют сходную тактику — такую, как самоубийственные атаки, — и выдвигают бескомпромиссные требования.

Думаю, что разница зависит только от позиции наблюдателя. Например, во время войны в Алжире в 1950-х гг. французские колонисты рассматривали действия партизан как терроризм, в то время как мусульманское население Алжира считало их справедливой борьбой за свободу.

Другой пример — палестинские террористы-смертники. Для тех, кто считает неотъемлемым право Израиля на существование, они — террористы; для тех, кто

[21] Озарения Адизеса. Октябрь, 2004.

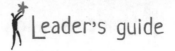

в лице Израиля видит оккупанта, которого следует стереть с карты мира, они — борцы за свободу.

Подобная терминологическая неразбериха дает законность террористам, будь то чеченцы, тамилы или иракцы, и позволяет им рассчитывать на достижение своих целей. Я считаю, что эта опасная путаница началась в 1974 г., когда Ясиру Арафату позволили выступить с трибуны Генеральной Ассамблеи ООН, будучи одетым в военную форму, с кобурой и (как некоторые утверждают) с оружием на бедре. Он сорвал овации.

Для решения проблемы терроризма необходим всеобщий консенсус по двум пунктам. Во-первых, применение силы без готовности вести переговоры должно однозначно считаться нелегитимным; во-вторых, любая сторона, вне зависимости от степени благородства отстаиваемых ею принципов, должна быть готова к компромиссам. Примерно так в нашем обществе был достигнут консенсус о недопустимости домашнего насилия при любых обстоятельствах. Если о терактах станут судить исходя не из преследуемых целей, а из выбранных для их достижения средств, то мы сотрем различие между террористами и борцами за свободу. И в конце туннеля покажется свет.

Что следует предпринять

Участники международного сообщества должны подписать договор, по которому любому государству, родившемуся из террора, будет отказано в признании. Это автоматически лишит террористов/борцов за свободу той награды, которой они добиваются, и, таким образом, устранит причину терроризма.

Чечня, например, не могла бы получить мировое признание как суверенная страна, даже если бы Россия наконец сдалась и отпустила ее. Независимая Чечня столкнулась бы с санкциями, включая судебное преследование ее лидеров за нарушение прав человека в Международном уголовном суде. Если бы они попытались покинуть свою страну, то любая держава, принявшая их, также оказалась бы в мировой изоляции.

Отказ признавать страны, возникшие из террора, и преследование по суду их лидеров могли бы сделать отношение к терроризму несколько более взвешенным, ответственным и сдержанным. Это будет недвусмысленное послание: законная страна больше не может появиться в результате применения незаконных средств. Да, так часто было в прошлом, но в нашу более цивилизованную и просвещённую эру это неприемлемо.

Конечно, это решение приведёт к тому, что много угнетаемых меньшинств лишатся шанса на независимость. Соответственно мы должны предложить им законный альтернативный путь. Например, если меньшинство хочет отделиться и докажет это путём проведения на своей территории демократического референдума, то его желание нужно соблюдать. Если лидеры большинства либо отказываются организовывать референдум под наблюдением международной группы экспертов, либо игнорируют его решения, против этой страны последуют международные санкции.

Это двойное решение — запрет признавать страны, достигшие независимости через террор, и обязательность исполнения воли меньшинства, желающего отделиться демократическим путём, — вынудило бы все стороны конфликта для достижения своих целей использовать дипломатию и влияние, а не террор и притеснения. Именно этого все мы должны хотеть.

Изменения составляют саму жизнь, и изменения национального самосознания народов должны признаваться так или иначе. Решение состоит в том, чтобы узаконить изменения, производимые законными средствами. Людям не нужен будет террор, чтобы отстоять свои интересы.

Реалистичное ли это решение?

Да, если принципы, которые я обрисовал в общих чертах, общеприняты и их добросовестно придерживаются все, в первую очередь ведущие мировые державы.

Можно ли на это рассчитывать?

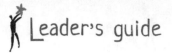

Рано или поздно нам придётся признать, что терроризм есть следствие отсутствия законного, мирного и демократического варианта обретения меньшинствами независимости. Фактически мы сами навлекаем на себя бедствие, названное терроризмом. И все мы должны сжать зубы и терпеть, потому что это касается любого так или иначе.

Культурные причины

Не только сепаратистские устремления становятся причиной для терроризма. Есть еще одна трудноразрешимая проблема, связанная с культурой.

Мы пришли к осознанию того факта, что террористам ненавистна западная цивилизация, и особенно ее лидер, Соединённые Штаты. Только люди, которые ненавидят её — и ненавидят яростно, — могли задумать и осуществить теракты 11 сентября 2001 г.[22], в которых погибли тысячи гражданских лиц.

Психологи говорят, что гнев вызван страхом, это фактически скрытый страх. Если последнее верно, то ненависть — это чрезвычайно сильный страх. Абсолютная паника.

Чем она вызвана?

---

22 11 сентября 2001 г. в Соединённых Штатах Америки произошла серия скоординированных самоубийственных террористических атак. По официальной версии, ответственность за эти атаки лежит на террористической организации «Аль-Каида». Утром того дня 19 террористов захватили четыре рейсовых пассажирских авиалайнера. Захватчики направили два из этих лайнеров в башни Всемирного торгового центра, расположенные в южной части Манхэттена в Нью-Йорке. В результате этого обе башни обрушились, вызвав серьёзные разрушения прилегающих строений. Третий самолёт был направлен в здание Пентагона, расположенного недалеко от Вашингтона. Пассажиры и команда четвёртого авиалайнера попытались перехватить управление самолётом у террористов, самолёт упал в поле около города Шенксвилл в штате Пенсильвания. Помимо 19 террористов, в результате атак погибли 2974 человека, ещё 24 пропали без вести. Большинство погибших были гражданскими лицами. — *Прим. ред.*

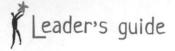

Я предполагаю, что консервативные мусульмане смертельно боятся, что Америка насильственно и безвозвратно изменит их образ жизни. Освобождение женщин в конечном счёте разрушает традиционную структуру их семей. Распространение порнографии подрывает моральные устои (хотя то, что они считают порнографией, для нас просто женщина в бикини). И прочие, прочие неисчислимые, фактически непреодолимые «злые» искушения.

Элизабет Рубин в своей статье «Fern Holland's War» («Нью-Йорк Таймс», 19 сентября 2004 г.) описала конфликт, имевший место в иракском городе Кербеле:

«Весь февраль этого года г-жа Холлэнд посвятила созданию женского центра... [Холлэнд] разгрузила новые компьютеры и другие необычные товары, предназначенные для женщин Кербелы... Зачем понадобилось американцам тратить на это немалые деньги? Во время пятничной проповеди муллы, лояльные молодому лидеру повстанцев Муктаде ас-Садру, распространяли слухи: "Вы знаете, что американцы делают в этих центрах, братья? Они предлагают бесплатные аборты. Вы знаете, что делают в этих интернет-центрах? Распространяют порнографию среди студентов Hawza [шиитских семинарий]"».

> ***Консервативные мусульмане смертельно боятся, что Америка насильственно и безвозвратно изменит их образ жизни.***

Консервативные мусульмане борются за привычный уклад вещей. Они против страны, угрожающей их образу жизни и системе ценностей и намного превосходящей их в военном отношении. Им нужно что-то, дающее им преимущество, такое, как самоубийственные атаки, одобряемые и поддерживаемые радикальным исламским духовенством, с которым мы не можем начать конкурировать.

Чтобы сократить террор, вызванный этой культурной паникой, нужно уменьшить страх. А для этого следует остановить культурную экспансию, которая эквивалентна культурному колониализму.

То же самое касается *экспорта демократии.* Не нужно насаждать демократические процедуры, такие как многопартийные выборы, ослабляющие центральную власть и позволяющие процветать террористическим ячейкам. Сначала следует сформировать предпосылки для демократии: здоровый средний класс, владеющий небольшими частными предприятиями; грамотность; свобода печати; ответственность властей. Как только это будет достигнуто, следует обеспечить свободу судебной системы от политического вмешательства или экономической коррупции. Тогда и появится среда, в которой сможет развиваться многопартийная система. Если демократия (форма без содержания) механистически привнесена в страну, где для неё не сформировались условия, она будет только видимостью, не способной противостоять террористам, которые попытаются дестабилизировать обстановку. Не нужно насильственно внедрять плюрализм и многопартийные выборы; это — *формы демократии,* а не её суть.

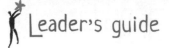

Может ли это произойти?

Честно говоря, я сомневаюсь. Как остановить культурную экспансию? Как прекратить распространение DVD или изображений по Интернету? Угроза старому образу жизни не только остаётся, она усиливается, и устранить её невозможно. А что относительно экспорта демократии? Типичная проблема «курица или яйцо»: как создавать условия для развития демократии в недемократическом режиме?

Мы в тупике.

Похоже, быстро нам побороть терроризм не удастся. Терроризм — проявление нашей культурной, религиозной, экономической и политической разобщённости. Это макропроявление ускоренного глобального темпа развития. Поскольку простого решения у этой проблемы нет, мы, вероятно, увидим ещё немало бедствий, в сравнении с некоторыми из которых теракты 9/11 покажутся несерьёзными.

Впрочем, возможно, именно так всё и должно быть. Ситуация должна стать намного, намного хуже, а уж потом из неё наметится выход. Дела должны быть настолько плохи, чтобы непосредственную угрозу ощутили все, от кого зависит решение, и таким образом они будут вынуждены сотрудничать. Всем странам придётся объединить свои усилия и сделать что-то действительно решительное, такое, как делегитимизация террора в качестве средства политического давления и/или соглашения о военном вмешательстве в тоталитарные страны, предоставляющие приют террористам, впредь до полной победы демократии.

Радикально? Без сомнения. Но ведь и терроризм — радикальная проблема, требующая решительных действий.

Борьба с терроризмом: подход структуралиста[23]

«Борьба с терроризмом походит на поедание супа вилкой», — сказал однажды Шимон Перес[24].

Это высказывание вызывает вопросы. Если враг — суп, то почему мы поедаем его вилкой? Другими словами, почему мы используем неправильные инструменты? Нужно принять во внимание методы врага и разработать контрметоды.

Например, у нас должен быть разведывательный орган, который должен изучить изнутри «Аль-Каиду» и использовать эту информацию, чтобы создать адекватную задаче (борьба с «Аль-Каидой) структуру. Сейчас мы привлекаем для этого армию, авиацию и флот. Но они хороши для войны с другой страной, у которой есть своя армия, авиация и флот. У «Аль-Каиды» ничего этого нет.

Если верно то, что я прочитал в газетах, «Аль-Каида» довольно аморфна. (Но даже если это не так, мы всё равно должны создать организацию, наилучшим образом способную бороться именно с «Аль-Каидой».) У террористов есть три вспомогательные структуры, а остальное — сеть. К первым относятся медресе и школы, где дети и разные заинтересованные лица знакомятся с радикальной исламской идеологией; лагеря военной подготовки, где новички изучают методы терроризма; и Интернет, через который передаются призывы к действию и где публикуется различная информация (например, инструкции по сбору взрывных устройств).

---

[23] Озарения Адизеса. Январь, 2010.

[24] Шимон Перес (урожд. Перский, род. 1923) — старейший израильский политик, девятый и двенадцатый премьер-министр Израиля (1984–86 и 1995–96), девятый президент Израиля (с июля 2007). — *Прим. ред.*

Проанализируем эту структуру с использованием кода Адизеса[25]. Продукт, создаваемый производственно-административной частью этой структуры (PA), — предельно строгое, не допускающее никаких отклонений толкование Корана и *шариат*. Он поставляется и распространяется преданными людьми, максимально использующими собственный творческий потенциал, чтобы определить, как достигнуть и привлечь других: иными словами, департамент дистрибуции (EI), имеющий сильных предпринимателей (E) и интеграторов (I).

Как ни странно, система «Аль-Каиды» настолько отвечает современным американским управленческим принципам, что можно подумать, будто Осама бин Ладен учился у гуру менеджмента, чтобы затем применять их методы на практике. «Аль-Каида» объединена общей миссией и системой ценностей; она даёт своим членам нужные инструменты; её сеть достаточно гибка, чтобы успешно выполнить свою миссию.

Система «Аль-Каиды» настолько отвечает современным американским управленческим принципам, что можно подумать, будто Осама бин Ладен учился у гуру менеджмента, чтобы затем применять их методы на практике.

Соединённые Штаты применяют прямо противоположный подход: у нас есть демократическая идеология (EI), которую мы пытаемся распространить посредством военной организации (PA). Именно так, как полагается в соответствии с традиционной управленческой теорией (command and control), которую современные управленческие гуру отвергают.

---

[25] Код Адизеса (PAEI) – теория, утверждающая, что для менеджмента организации необходимы четыре функциональные роли: (P)roducing, (A)dministrating, (E)ntrepreneuring и (I)ntegrating. Для получения дополнительной информации о коде PAEI см. мою книгу «Стили менеджмента. Эффективные и неэффективные» (М.: Альпина Бизнес Букс, 2009). — *Прим. авт.*

Пошаговая методика

Теперь давайте предположим, что мы готовы создать структуру на тех же самых принципах, что и «Аль-Каида», но для борьбы с терроризмом. Что мы бы сделали сначала? Мы можем установить наши собственные *медресе*, которые будут пропагандировать идеологию разнообразия и толерантности. Мы можем построить тренировочные лагеря антитеррора. И нам нужно выстроить сеть людей, несущих нашу идеологию и готовых умереть за неё.

Саудовские ваххабиты установили тысячи *медресе*, которые бесперебойно снабжают «Аль-Каиду» рекрутами. Мы должны построить в десять раз больше школ, где будем преподавать современные методики экономического успеха и выгоды разнообразия, и мы должны поддерживать наших студентов, как делают ваххабиты. В то же время мы должны последовательно закрыть все их *медресе*, чтобы осушить болото, где размножаются москиты.

Это — первый шаг. Второй — закрыть тренировочные лагери террористов. Третий — найти способ пресечь использование «Аль-Каидой» Интернета в качестве средства связи и распространения подрывной информации, подменяя страницы на её ресурсах или полностью блокируя к ним доступ.

Подведём итог. Мы пытаемся вести войну против терроризма, взявшего на вооружение самые современные методики и технологии, применяя старые, негодные инструменты. Война с террористами не похожа на вооружённую борьбу между странами. Чтобы одержать в ней победу, нужно изменить подход.

Каково быть президентом демократической страны?[26]

Я работал над реорганизацией структуры исполнительной власти нескольких демократических стран. Безуспешно.

Обычно такая потребность возникала в связи с тем, что у страны имелись некоторые проблемы, с которыми её правительство не могло или не умело справиться.

К примеру, проблема наркомании в Соединённых Штатах. Начальник отдела по борьбе с наркотиками (drug czar — «царь наркотиков», как его неофициально называют) по своему положению обязан координировать деятельность других министерств в интересах борьбы с наркоторговлей. Но он был генералом без солдат. Никаких офицеров или чиновников, никаких войск. Что бы ему ни потребовалось, он всё был вынужден выпрашивать у своих коллег из других агентств.

В Черногории агентство по защите окружающей среды подчиняется Министерству туризма. Эта страна серьёзно зависит от развивающегося туризма, всё внимание уделяется ему. И тем, что экологическое агентство подчинили туристическому ведомству, которое намного больше интересуется развитием, нежели охраной природы, нанесён большой вред. Это как если бы отдел контроля качества подчинили производственному.

Трудно, если не невозможно, изменить структуру исполнительной власти, потому что она определена законом. Чтобы ликвидировать одно министерство и учредить другое, необходимо одобрение законодательной власти. Это чрезвычайно сложно из-за политической торговли, кому достанется какой пост или ведомство.

Например, чтобы поощрить какую-либо партию присоединиться к формируемой правящей коалиции, её создатель может предложить представителю этой партии, скажем, министерство экономики. И когда министерские посты поделены между

---

[26] Озарения Адизеса. Февраль, 2007.

партиями, именно внутрипартийные отношения, а не опыт или заслуги определят, кто возглавит министерство. Бывает, что вновь назначенный министр вообще не имеет никакого опыта в данной сфере. Возьмите, к примеру, Израиль. У него был министр обороны, имевший нулевой опыт в военных вопросах, ведь до того он возглавлял профсоюзное объединение.

Чего я не могу понять: как нормальный человек может стремиться быть руководителем в подобной обстановке.

Таким образом, попытка произвести любые изменения в министерствах связана со сложными политическими комбинациями, которые могут дестабилизировать правительство или даже привести к падению кабинета. Даже бюджет министерства — заложник политического торга. В Израиле, например, религиозные партии всегда стремятся возглавить Министерство внутренних дел, которое определяет гражданство и выносит решение по вопросу о еврейском происхождении. В обмен на солидарное голосование с премьер-министром они требуют увеличения ассигнований своим духовным училищам, даже при том, что это отнюдь не первоочередная задача государства в данный момент.

Как теряется суть

Теперь представьте себя на месте премьер-министра. Структура правительства не отвечает насущным нуждам; бюджеты распределены не в соответствии с реальными потребностями; и у людей, которые возглавляют министерства, не обязательно есть нужные навыки.

Вдобавок ко всему министры, представляющие оппозиционные партии, более лояльны своим вождям, чем премьер-министру. И конечно, некоторые из однопартийцев премьер-министра также не будут иметь ничего против, если он уйдет, ведь тогда они смогут занять его место.

Какую вам нужно иметь мотивацию, чтобы в таких условиях принимать трудные решения, и какой у вас будет шанс пережить их?

Что бы сделали вы? Постарались бы показать, будто контролируете ситуацию: много речей, но никаких резких движений, верно? Так действовало правительство Висенте Фокса в Мексике. Когда я консультировал Фокса, я посоветовал дать больше полномочий правоохранительным органам, потому что их власть была ничтожной. Но это потребовало бы парламентского одобрения, а Фокс не имел никакого контроля над собственной партией, не говоря уже о парламенте.

Кроме того, самый большой кусок бюджетного пирога шёл в образование, которое было (и всё ещё остаётся) неэффективным, устаревшим и чудовищно дорогим. Таким образом, образование транжирило ресурсы, в то время как законность и правопорядок сидели на жёсткой диете. Но ничего нельзя изменить: профсоюз учителей чрезвычайно влиятелен, а его участники — это голоса на выборах.

Что же происходит? Помимо пустых обещаний, ничего.

Стоит ли удивляться, что люди не доверяют политическим лидерам. С чего? Политики обещают, избираются, а затем ничего не выполняют.

Но вот чего я не могу понять: как нормальный человек может стремиться быть руководителем в подобной обстановке.

Единственное объяснение, приходящее мне в голову, заключается в том, что эго потенциального лидера настолько огромно, что он становится его пленником и полагает, что сможет управлять неуправляемым. А потом он уже заложник ситуации и вынужден вести себя подобно главному герою сказки «Новое платье короля»: делать вид, что он сильный лидер, хотя все знают, что король голый.

Опасный дисбаланс[27]

Очень много людей, молодых и старых, хотели бы сделать этот мир лучше. Но для того, чтобы изменить мир, недостаточно быть лично сознательным. И вот почему.

Деловой мир, подсистема общества — это очень хорошо смазанная машина, создававшаяся тысячи лет. У него есть свои рынки капитала (в том числе глобальные), фондовый рынок, банковская система, частные фонды и т. д. Если у вас есть хорошая, проверенная идея, вы всегда найдёте деньги, чтобы начать своё дело и позже финансировать его расширение.

Деловой мир создал институты, чтобы обучать своих вождей: бизнес-школы, тренинги руководителей и т. д. Здесь есть мера успеха, здесь есть ясность измеримых целей. Нет ничего постыдного или зазорного в том, чтобы заключить стратегический союз ради быстрейшего роста.

И эта отлично оснащённая, эффективная машина стала жить собственной жизнью, подвергая опасности окружающую среду: наши воздух, воду и природные ресурсы. Бизнес располагает такими средствами, что непропорционально влияет на другие элементы общества, такие как политическое окружение. И на социальную среду, постоянно увеличивая пропасть между бедными и богатыми как в отдельных странах, так и глобально. Этот процесс затрагивает всё: окружающую среду, политику, общество, даже юридические структуры.

Теперь давайте посмотрим на «зелёных». Это социально сознательные люди, пытающиеся уменьшить скорость, с которой мир катится в бездну. Они очень слабы. У них нет никаких рынков капитала; они разобщены и редко сотрудничают, потому что конкурируют за одни и те же ограниченные ресурсы и добровольцев. Многими управляют эгоисты. Я бывал на собраниях таких идеалистических организаций и могу засвидетельствовать, насколько слабо их стратегическое мышление. У них действительно

[27] Озарения Адизеса. Февраль, 2006.

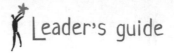

много благих намерений и искренней готовности сделать мир лучше, но в логике и живости ума они, безусловно, проигрывают представителям деловых кругов.

У этих весьма необходимых организаций есть цели, с точки зрения менеджмента крайне неудобные. Все эти цели «против»: против загрязнения окружающей среды, против глобального потепления, против того, против этого... Намного труднее управлять процессом и достигать результата, если вы «против» чего-либо, нежели увеличивать долю на рынке или наращивать прибыли. В итоге члены этих организаций заканчивают тем, что приковывают себя цепями к ограждению ядерных станций или сжигают дотла рестораны McDonald's в отчаянной попытке хоть что-то изменить.

Этот дисбаланс между бизнесом и социально активными группами означает для меня, что более сильная группа победит, и это путь к нашему упадку.

Я хочу ясно выразить свою мысль. Я не говорю, что бизнесмены безответственны и не имеют совести. Многие из них видят, что мир идет в неверном направлении, и объединяют усилия с некоммерческими организациями, пытаясь изменить планету к лучшему.

Проблема не в людях. Проблема в том, что система сильнее людей. Мы всё ещё сами крутим баранку автомобиля, но в реальности он всё более и более управляется автоматическими компьютерными системами, и мы превращаемся в простых пассажиров.

Пока ещё...

Пока ещё неправительственные организации не собираются и не сотрудничают в глобальном масштабе. *Пока ещё* они не развивают собственные конкурентные преимущества. *Пока ещё* они не объединяются...

Если вы посчитаете, сколько людей в мире связано с неправительственными организациями, получится больше, чем миллиард, но их политическое влияние непропорционально мало.

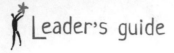

Побочные эффекты глобализации[28]

Я люблю народную музыку. Любую. Я люблю аккордеон. Я играю на нём, и это — мой любимый отдых. Везде, где я бываю, я стараюсь найти людей, знающих и исполняющих народные песни, ещё лучше, если поют хором.

Но… мне редко везёт. Из пятидесяти двух стран, в которых мне довелось побывать, есть только три, где ещё можно найти ресторан, в котором едят и поют: Сербия, Португалия и Мексика. (Может быть, ещё и Греция, но я давно там не был; многое могло измениться.)

Народные песни исчезают. Мне не забыть мою первую поездку в Перу. Я очень волновался. В аэропорту я обратил внимание на музыку, транслировавшуюся через громкоговорители. Но тщетно я ждал какую-нибудь перуанскую песню: передавали *I Left My Heart in San Francisco*[29].

В Москве я просил хозяев дома, в котором жил, показать место, где играет гармонист и поют русские народные песни. Увы. В Москве негде послушать настоящую гармонь, да и хоровое пение вы тоже вряд ли найдёте. Максимум, на что можно рассчитывать, — туристические ловушки, где профессиональные танцоры и певцы исполнят для вас пару народных танцев и споют песню или две. Но местных жителей там не будет.

Но так было не везде и не всегда. Я помню много ресторанов в Македонии, где живые музыканты играли народную музыку, а гости охотно пели и даже исполняли традиционные танцы между столиками.

---

[28] Озарения Адизеса. Июнь, 2009.

[29] Популярная песня, написанная в 1954. Джорджем Кори и Дугласом Кроссом и ставшая визитной карточкой певца Тони Бенетта. — *Прим. перев.*

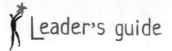

Но это в прошлом. Если сегодня вы захотите увидеть народный танец, нужно поинтересоваться, нет ли поблизости свадьбы. Возможно, вам повезёт и там будут танцы.

Я недавно был в Париже. Я давно мечтал пойти в настоящий французский ресторан и услышать французского шансонье и игру на аккордеоне. Ничего подобного. Где я только не был! Я опросил всех консьержей в самых дорогих отелях. Ни-че-го. «Это раньше было…» — говорили они. Этой традиции больше нет. Это всё равно как приехать в Сахару и не обнаружить там песка.

И всё-таки я услышал аккордеон в Париже. На станции метро играл музыкант. Он был из Румынии. Я дал ему мелкую монету…

Во Франции нет больше аккордеонистов. Вы можете в это поверить?! В России я тоже ни одного не встретил. В Италии пока ещё есть, но все они — старики. В США я долго не мог найти мастера, который починил бы мой аккордеон. Наконец, в Сан-Диего я нашёл очень старого серба, который взялся отремонтировать инструмент, и я немедленно послал ему свой аккордеон: вдруг бы он умер прежде, чем сделал работу?

Народные песни и танцы быстро исчезают. Их вытесняет поп-музыка. MTV во всех странах одинаковое и не отличается ни ритмами, ни картинкой от того, что есть у нас, в США. Только языки другие. Если выключить звук, то и не поймёшь, в какой ты стране.

Земной шар быстрого питания

Исчезают не только музыка и музыкальные инструменты. Исчезает национальная кухня. Повсюду фастфуд: McDonald's, KFC и пиццы. Во всём мире нашествие дешёвых итальянских блюд. Почему? Они простые, их легко готовить и сервировать.

Надо сказать, что кушанья, которые нам в ресторанах выдают за национальные, очень отличаются от настоящей национальной кухни. Например, турецкая еда, поданная где угодно за пределами Турции, ничуть не похожа на те же самые блюда, приготовленные в Турции. Она приспособлена к местному вкусу. В Мексике вы вряд ли найдёте (если найдёте вообще) пищу, выдаваемую в Соединённых Штатах за мексиканскую. Пицца в Италии совершенно не похожа на пиццу, подаваемую в California Pizza Kitchen. Национальные кухни исчезают, остаются лишь названия. Народные промыслы, музыка, еда, костюмы — всё находится под угрозой исчезновения. Так происходит в Македонии. Так происходит в Черногории. Три года назад здесь можно было найти много ресторанов с национальной кухней. Когда я был там в феврале этого года, те же самые рестораны подавали пасту и стейки. Именно этого хотят туристы; именно это они получают.

Исчезает национальная кухня. Повсюду фастфуд: McDonald's, KFC и пиццы.

Большие гостиничные сети всюду одинаковы. Еда тоже приходит к единому знаменателю. Во время путешествий я всё чаще задаю себе вопрос: где я? Мы теряем нашу самобытность. Этого нельзя допустить.

В Мехико есть ресторан La Fonda del Recuerdo, где подают традиционные мексиканские блюда, приготовленные с неукоснительным соблюдением старинных рецептов. Там исполняют только народную музыку. Находясь здесь, вы действительно чувствуете, что вы в Мексике.

Так должно быть в каждой стране. ЮНЕСКО защищает здания и города как часть наследия человечества. Франция, Мексика, Италия и Испания вполне подходят для того, чтобы признать их национальные кухни всемирным наследием. Но, увы, у ЮНЕСКО нет программы защиты кулинарии. Печально. И глупо, добавлю я. Охранять следует не только редких животных и растения; охранять нужно наши народные ремёсла, наши песни, нашу музыку и нашу еду.

Часть 2. Вызовы для стран с переходной экономикой

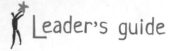

Признание реалий в Македонии[30]

В течение долгого времени я был очень пессимистично настроен относительно Македонии. Консультируя премьер-министра Бранко Црвенковского в 1993–1995 гг., я попытался убедить его принять понятие многоэтнического общества. «Это всё равно неизбежно, — сказал я ему. –– Славянские македонцы скоро станут меньшинством. Албанское население растёт быстрее».

То же самое произошло в Косово: в 1940-х гг. в Косово было только 40 тысяч албанцев; ныне уже два миллиона. «Мы победим на кровати!» — известный косовский лозунг.

Но десять лет назад многоэтническое общество было неприемлемым для македонцев. Их могло устроить только македонское государство с албанским меньшинством. Много раз я пытался объяснить, что если бы Македония была в Аризоне, то албанцы были бы меньшинством. Но Македония не в Аризоне; она в сердце Балкан. Севернее, в Косово, живут два миллиона албанцев; западнее, в Албании, больше трёх миллионов; южнее, в Греции, еще 750 тысяч.

Так кто здесь меньшинство? Включите телевизор, и вы сами всё поймете. Юридические границы не способны стать настоящим барьером в эпоху путешествий, телевидения и телекоммуникаций. Албанцы — самый многочисленный этнос юго-восточной Европы. (Та же проблема с арабами в Израиле.)

Однако, когда я в последний раз приехал в Македонию в ноябре 2003 г., я увидел значительные перемены. Премьер-министр Црвенковский действительно пытается создать многоэтническое общество. В частности, планируется признать албанский язык государственным наравне с македонским. Это означает, что школьники смогут

---

30 Озарения Адизеса. Ноябрь, 2003 (отрывок).

учиться на обоих языках и что македонская судебная система также будет двуязычной.

Для македонцев, большинство которых не говорит по-албански, это большое затруднение. В то же время большинство албанцев говорит на македонском. Это похоже на Израиль, где два официальных языка (арабский и иврит), но израильтяне арабский не учат, а арабское меньшинство активно осваивает иврит. Если представить суд, где судья и адвокат ответчика арабы, а обвинитель — израильтянин, то последний окажется в невыгодном положении. Диалог арабов будет ему непонятен, в то время как они прекрасно поймут и его, и друг друга.

И в Македонии, и в Израиле проблема связана с нежеланием или неспособностью большинства населения признать, что они живут в многоэтническом обществе. И это простая вежливая уступка меньшинству. У подобного признания есть последствия, которые со временем будут всё серьёзнее.

Проблемы развития в бывшей Югославии[31]

Совершая в 2006 г. деловую поездку, я посетил несколько республик бывшей Югославии. Я обратил внимание на множество проблем, требующих решения. Вот мои озарения.

Черногория

Я написал своей жене: «Это самая красивая страна в мире [а я работал и читал лекции в 51 стране к тому времени]. Здесь есть фьорды Норвегии, тёплая вода Гавайев для купания, небольшие романтичные деревни Греции, чистый воздух Швейцарии и свежие, свежие фрукты и овощи и жареная рыба, прямо при тебе выловленная из моря».

И всё это — в двух часах лёта от Франкфурта и в часе от Рима. Центр Европы. Неиспорченный.

Почему мы ничего не знаем об этой стране? Потому, что совсем недавно это была часть Сербии, а Сербия в течение долгих лет оставалась мировым изгоем.

Шесть месяцев назад в Черногории прошёл референдум по вопросу о выходе из союзного с Сербией государства. С очень маленьким перевесом победили сторонники независимости. Почему с маленьким перевесом? Потому что значительная часть населения остаётся сербской. Почему всё-таки выиграли сторонники независимости? Мне сказали, что черногорцы устали от белградских указаний. Всё решал Белград. Они хотели взять свою судьбу в собственные руки.

В новой конституции Черногории записано, что это экологическое государство. Никакого загрязнения воды, воздуха или земли; чистое сельское хозяйство без химикатов.

---

[31] Озарения Адизеса. Сентябрь, 2006 (отрывок).

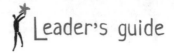

Но насколько успешно осуществляются благие намерения правительства? Деньги в экономику идут, особенно из России. Русские скупают всё, что попадает в их поле зрения. Всюду строятся отели. На дорогах всё больше машин. Шоссе от Словении до Хорватии уже настолько забито, что появились сообщения о конфликтах между водителями и об отдыхающих, вынужденных по дороге на курорт простаивать в пробках многие часы.

К сожалению, структура исполнительной власти в Черногории запутанна и нелогична. Например, Управление по охране окружающей среды подчинено Министерству туризма, а Агентство архитектурного и ландшафтного планирования входит в Министерство экономического развития. Это мешает исполнять административную функцию, устанавливающую правила игры и контролирующую их выполнение.

Без надёжных рычагов власти очень может случиться так, что эта прекрасная страна будет безнадёжно испорчена, а её шанс достичь невероятного успеха — упущен. Оставайтесь с нами.

Словения

Несколько лет назад в Словении рассказывали такой анекдот.

Президент решил испугать Соединённые Штаты и отдал приказ выпустить ракету по Нью-Йорку. Взрыв произвел большие разрушения, но никакого ответа из США не последовало.

Тогда он выпустил другую ракету, на сей раз по Вашингтону. Снова тишина. Третья ракета поразила Лос-Анджелес. И опять никакой ответной реакции!

Раздражённый, он позвонил Биллу Клинтону, который был тогда президентом Соединённых Штатов, и спросил его: «Почему вы не реагируете?»

Клинтон ответил: «Я сровняю вашу страну с землёй, как только найду её на карте...»

Словения — маленькая страна, отделившаяся от Югославии в 1991 г. Она расположена к югу от Австрии, к востоку от Италии и к северу от Хорватии. Здесь очень красиво: горы, озёра, чистые небольшие деревни, как в Австрии. Этим государством хорошо управляют: нет ни коррупции, ни организованной преступности, которая часто незримо руководит странами с переходной экономикой.

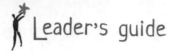

Когда в ходе социологического опроса словенцев спросили, лучше или хуже им стало после раскола югославской федерации, их ответ удивил. Большинство считает, что в единой Югославии им жилось лучше. Многие сохранили о ней хорошие воспоминания. Югославия имела вес на мировой арене. Люди с гордостью называли себя югославами. Интересно, что эмоциональная составляющая здесь гораздо важнее экономической. Я думаю, что то же самое верно для Боснии и даже Македонии. Многие теперь оплакивают раскол федерации, но шанса повернуть историю вспять, конечно, уже нет.

Когда в ходе социологического опроса словенцев спросили, лучше или хуже им стало после раскола югославской федерации, их ответ удивил. Большинство считает, что в единой Югославии им жилось лучше.

Поскольку все республики бывшей Югославии присоединяются к Европейскому экономическому сообществу, границы вновь стираются. В этом смысле они будут снова вместе, но гордость, идентичность Югославии потеряна навсегда.

Нынешний президент Словении, страдающий от рака, испытал духовное пробуждение и считает себя ответственным не только за свою страну, но и за судьбы человечества вообще. Он пытается играть роль в Ближнем Востоке и помогает остановить геноцид в Дарфуре.

Хм... Возможно, следует сделать наличие опасного для жизни заболевания обязательным условием для кандидатов на государственные посты. Возможно, тогда им можно будет доверять.

Записки о президентской политике в Мексике[32]

Когда Висенте Фокс[33] был избран президентом шесть лет назад, я некоторое время консультировал его. Я организовывал президентскую резиденцию Лос Пинос (эквивалент нашего Белого дома) и выстраивал исполнительную власть в соответствии с концепцией PAEI.

Фокс пришел к власти, победив на прямых президентских выборах. Его собственная партия не полностью поддерживала его, а парламент был ему враждебен. Вот пример, показывающий, насколько слаб он был с самого начала своего президентства: когда глава государства направился с визитом в одну из латиноамериканских стран, председатель его собственной партии ПНД отказался лететь с ним в одном самолёте и полетел отдельно.

Фоксу не везло с самого первого дня. Но он и сам способствовал своей слабости. Когда я спросил его, какие цели он перед собой ставит, Висенте ответил, что намерен демократизировать институт президентства, который до того был очень «имперским»: первое лицо в стране обладало неограниченными полномочиями и даже могло назначать себе преемника. Выборы в Мексике были просто ритуалом, не играя реальной роли. Таким образом, у Фокса не было поддержки в парламенте, на которую он мог бы опереться, а собственные полномочия он же сам и ограничил, поскольку это была его цель. В результате он не мог реально управлять государством.

---

32 Озарения Адизеса. Сентябрь, 2006 (отрывок).

33 Висенте Фокс Кесада (исп. Vicente Fox Quesada; род. 2 июля 1942 г.) — президент Мексики (2000–2006). Фокс стал первым президентом, избранным от оппозиционной партии (ПНД) с 1910 г. — *Прим. ред.*

Наследник Горбачёва

Я сказал Фоксу, что он повторяет ошибку Михаила Горбачёва. Я анализировал деятельность Горбачёва, когда в 1987 г. он был назван «Человеком года», по версии журнала *Time*[34]. Я отметил тогда, что для изменения советской системы Горбачёв применял неверные методы. *Перестройка* (экономическое, политическое, и социальное реструктурирование) требует политической силы. *Гласность* (политическая открытость) ослабляет политическую власть. Так как экономическое реструктурирование требует политической силы, то и следовало начать с *перестройки,* а уж затем постепенно переходить к *гласности*. Именно так поступают сейчас китайцы, сознающие, что, начав с *гласности,* они потеряют власть и уже не смогут провести *перестройку.* Я предсказал тогда, что Горбачёв потеряет власть, а система разрушится (что и произошло).

Фоксу не везло с самого первого дня. Но он и сам способствовал своей слабости.

Я не думаю, что Горбачёв читал мой анализ, хотя я и отправил ему экземпляр через его экономического советника. Фокса же я предупредил во время совместного обеда наедине, что ему не следует начинать с борьбы с «имперским» президентством, поскольку ему понадобится реальная власть для проведения изменений в стране.

Один из его предшественников, Луис Эчеверриа, провёл аграрную реформу, в ходе которой земля была передана в собственность крестьянам. В серьёзном реформировании нуждается мексиканская система образования, а неравенство между «имущими» и «неимущими» достигло угрожающих масштабов. Проведение изменений в этих областях требует политической власти, и, таким образом, последнее, что следовало сделать Фоксу, — ограничивать собственные полномочия.

Так или иначе, он не последовал моему совету.

В 2006 г. его слабость была уже просто неприличной. На выборах с минимальным преимуществом победил Фелипе Кальдерон, представлявший ту же партию,

---

34 Горбачев в 1989 г. также стал «Человеком десятилетия». – *Прим. ред.*

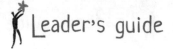

что и Фокс. Его противник, Андреас Мануэль Лопес Обрадор, оспорил этот результат, хотя коллегия выборщиков после пересчёта голосов объявила президентом Кальдерона. Обрадор, или AMLO, как его иногда называют, бросил вызов и Кальдерону, и Фоксу.

Фокс не смог даже представить парламенту доклад о положении в стране, потому что сторонники AMLO подняли невообразимый шум, в котором невозможно было говорить. Обычно в День независимости Мексики президент начинает торжественные мероприятия, провозлашая «*El Grito!*» — крик, который начал революцию[35]. Это делается с особого балкона, выходящего на Сокало, главную площадь Мехико. Но не в этом году. Сторонники AMLO заблокировали квартал, и президент Фокс вынужден был провозглашать свой *grito* с другого балкона в другом городе.

Это более чем печально.

AMLO отказывается признать законность выборов, он объявил об альтернативном президентстве. Он планирует акции гражданского неповиновения (отказ платить налоги, перекрытие транспортных магистралей и т. д.).

И Фокс ничего не делает. Он всё ещё президент, но очень, очень слабый, и неудачник к тому же.

---

[35] 16 сентября 1810 г. креол Мигель Идальго и Костилья, священник из приходской церкви, возглавил восстание, которое окрестили «Грито-де-Долорес» (Grito de Dolores — «крик боли»). В 1821 г. Испания согласилась предоставить Мексике независимость. — *Прим. ред.*

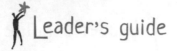

Развитие и качество жизни[36]

Вы думаете, что чем более эффективно вы работаете, тем больше проблем решите, и их общее число уменьшится. Верно?

Нет, неверно.

На самом деле чем больше проблем вы решаете, тем больше их появляется; и чем быстрее вы их решаете, тем быстрее возникают новые.

Вывод: чем эффективнее вы работаете, тем больше у вас проблем, и тем хуже вы себя чувствуете.

Каким образом? Что происходит?

Все мы знаем, что жизнь — это непрерывные изменения. Так всегда было и будет. Всякий раз, когда что-то меняется, мы сталкиваемся с новым явлением. Оно может быть или угрозой, или возможностью. Я называю это «угроз-ности», потому что каждая УГРОЗа таит в себе скрытые возможНОСТИ, если с ней удаётся справиться.

С другой стороны, если вам не удаётся воспользоваться предоставившейся возможностью, она может превратиться в настоящую проблему. Таким образом, любое новое событие — и угроза, и возможность. Чем оно окажется на самом деле, зависит от вас.

Очень важный момент: независимо от того, что открывается перед вами — возможность или проблема, вы должны предпринять какие-то действия. Нельзя оставлять это без внимания. Нужно решить, что делать, и затем осуществить своё решение. Когда мы реагируем на изменения действиями, они, в свою очередь, приводят к изменениям. Это уже новая ситуация, которая создаёт новые проблемы. Именно поэтому проблемы будут всегда.

Казалось бы, всё очевидно. Но есть один нюанс, который принуждает меня писать это озарение.

---

[36] Озарения Адизеса. Январь, 2007.

Предположите, что появились методики или технологии, которые позволяют быстрее диагностировать проблему, быстрее принимать решение и быстрее его осуществлять. Заманчиво, верно?

Вы можете быстрее изучить проблему и быстрее её решить. Но это означает, что вы быстрее создадите новую ситуацию, требующую вашего вмешательства!

Взять, к примеру, электронную почту. По мысли её создателей, она должна была освободить нас от переписывания бумаг и таким образом повысить эффективность нашей работы. А что получилось? Лично у меня появилось гораздо больше проблем, чем было во времена обычной почты. Чем мы эффективнее, тем быстрее мы движемся вперёд и тем больше на нашем пути проблем.

Цена развития

Чем более развита страна, тем более совершенные технологии в ней применяются; тем быстрее появляются новые проблемы; тем более сильный стресс испытывают её жители.

Когда я работаю в развивающейся стране, всё ровно наоборот. Трудно получить телефонную связь; подводит транспорт; почти постоянно приходится чего-то ждать. Это неэффективно и малорезультативно, но... Люди улыбаются. У них есть время, чтобы говорить со мной и друг с другом. Они менее напряжены; их не беспокоят проблемы. Нормальная реакция на проблему в развивающихся странах — *Mañana*. Завтра. Люди бедны, но счастливы, в то время как в развитых странах они богаты и несчастны.

Это озарение посетило меня во время моих путешествий. Чем более развита была страна, в которой я находился, тем более задавленными стрессом были её жители. Стресс — следствие лавинообразного роста проблем, которые множатся, поскольку страна становится более эффективной. Чем вы эффективнее, тем больше можете позволить себе проблем (вы же решаете их эффективно). Но чем больше проблем вы решаете, тем их больше.

Недавно я поехал в албанскую столицу Тирану. Было около полуночи, когда я достиг отеля, и я был голоден, но в номер ничего нельзя было заказать. Я спросил водителя, где можно перекусить поздно вечером. Он кивнул головой вперёд и сказал, что в той стороне была круглосуточная пиццерия.

Я посмотрел в указанном направлении. Впереди виднелся лишь тёмный переулок. Было очень поздно. Я подумал, что меня, скорее всего, убьют или ограбят, и поинтересовался у таксиста, насколько опасно ходить здесь ночью. Он посмотрел на меня изумленно. «Опасно? Почему?»

«Разве у вас по ночам не совершаются преступления?» — спросил я.

К моему удивлению, он сказал, что уровень преступности в Албании очень низок. Никаких тяжких преступлений. Город плохо освещён, но все, даже женщины, могут спокойно ходить по ночным улицам.

В чём дело? Албания — бедная страна, а бедные не часто грабят других?

Нет. Этот случай подтвердил мою теорию, что преступления вызываются не бедностью, а скорее разрывом между бедными и богатыми. В Мексике есть преступления. Вы не можете ходить по улицам ночного Сан-Паулу (Бразилия). А всё оттого, что в этих странах колоссальное различие между богатыми и бедными.

А в Албании его пока нет. Там *все* пока ещё бедны. В бедных деревнях по всему миру почти не совершается преступлений. Напротив, богачи Мексики и Бразилии не могут себе позволить пойти в ресторан без телохранителей. Их дети ездят в школу в бронированных автомобилях. И они проводят свои выходные там, где их никто не знает.

Развитие имеет свою оборотную сторону: разрыв, дезинтеграцию. Это равно относится к нашей личной жизни, компаниям, странам или ко всей планете.

Развитие: мечта или кошмар?

В декабре 2006 г. я диагностировал проблемы новой страны — Черногории — вместе с её кабинетом министров. Мы проанализировали текущее положение дел и попробовали немного заглянуть в будущее. И, как и можно было ожидать, черногорцы связывают свои надежды с ускоренным развитием. Все хотят походить на «Америку». Заметьте, я поместил «Америку» в кавычки, поскольку имеется в виду не реальная страна, а некий идеал, миф об эффективно работающей стране: хайвеи, превосходная банковская система, индустрия высоких технологий, инфраструктура и т. д.

Для черногорцев перспектива стать развитой страной — это мечта. Что до меня, то человеку, испытавшему эту мечту, она больше кажется кошмаром. Прямо сейчас в Черногории друзья встречаются по крайней мере один раз в неделю и могут даже заночевать друг у друга, не предупреждая об этом заранее. По крайней мере раз в месяц они собираются, чтобы отпраздновать день рождения, годовщину или религиозный праздник. У них есть время на народную музыку и для того, чтобы есть «медленную еду», а не фастфуд. Рестораны переполнены людьми, пьющими, говорящими, смеющимися (и, к сожалению, курящими).

В Калифорнии, где я живу, близкие друзья встречаются раз в месяц в самом лучшем случае; общение в основном происходит по электронной почте и телефону; и никто не посмеет приехать ко мне без предупреждения. Встречи планируются загодя, за месяцы. Мой 12-летний сын не выходит на улицу «поиграть с друзьями», как я в его возрасте. Место и время игры оговариваются заранее, а его нужно отводить туда и обратно, проверять и следить за ним.

Иными словами, в развитых странах выше уровень жизни, но ниже её качество. В развивающихся странах ситуация прямо противоположная: уровень жизни ниже, а качество выше. Семья и друзья представляют собой истинную ценность, и у людей есть время для себя и друг для друга.

Я сказал правительству Черногории, что, по моему скромному мнению, им не следует форсировать развитие. «Вы разрушите эту красивую страну в мгновение ока, если не проявите осторожность. Ваша проблема не в том, как привлечь инвестиции, а в том, как препятствовать плохим инвестициям». Для этого у Черногории должен быть стратегический план.

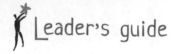

«Ваши дороги уже забиты, — продолжал я. — Что вы сделаете? Расширите их? Как? Построите их в десять полос, как в Лос-Анджелесе, чтобы по ним могли проехать все туристы, которых вы собираетесь привлечь в страну? А если и этого окажется недостаточно?»

Главное, сказал я им, любой ценой избежать судьбы Акапулько и Канкуна, где развитие убило природную красоту места.

> ***В развитых странах выше уровень жизни, но ниже её качество.***

Моя рекомендация состояла в том, чтобы игнорировать развитие ради сохранения красоты. Никаких крупных отелей, сказал я им; только небольшие гостиницы с полупансионом. Поддержите национальную кухню. Мешайте сетям фастфуда утверждаться в стране. Замедлитесь.

Это мой лозунг: «Замедлитесь». Не надо развиваться. Защитите то, что имеете. Превратите своё неудобство в преимущество. Сделайте из лимона лимонад. Оградите свою слаборазвитую страну от развития. (Вообразите: в Черногории всё ещё можно пить воду прямо из реки. Где ещё в мире можно так поступить?)

Впрочем, вряд ли мои рекомендации будут приняты. Я говорил то же самое в Македонии несколько лет назад. Никто не слушал. Людям кажется, будто они за бортом «настоящей жизни», в которой есть огромные, доступные каждому супермаркеты с фантастическим ассортиментом. Нужно пережить дезинтеграцию, отчуждение и фантастический стресс, чтобы осознать: пора замедлиться или вовсе остановиться. Но к тому времени, конечно, реки уже загрязнены, а воздухом опасно дышать. Время летит, его ни на что не хватает. Жизнь коротка, потому что время течёт слишком быстро, а оно течёт слишком быстро, потому что мы сделали наш мир слишком эффективным.

Мой вывод: мы платим непомерную цену за эффективность и результативность. Развивающимся странам нужно научиться жить, не пытаясь незамедлительно решить каждую возникающую проблему, и только так можно преодолеть это противоречие. Нам следует научиться расставлять приоритеты. Другими словами, мы должны взять под контроль свою жизнь и проблемы, вместо того чтобы позволить проблемам контролировать нашу жизнь.

Конституция развития Турции[37]

Моя поездка в сентябре и октябре 2007 г. стала одной из самых длинных и утомительных в жизни. Началась она с недели в Стамбуле. Вот мои впечатления.

Балансирование между светским и религиозным

В Турции я встретился с советником премьер-министра. Я спросил его, что больше всего беспокоит главу кабинета. Он сказал: «Конституция».

В Турции обсуждаются поправки к Конституции. По словам советника, под вопросом роль, которую играют военные в управлении государством. Как мы знаем, именно военные в Турции гарантируют невмешательство духовных властей в светские дела. Нынешний премьер-министр представляет мусульманскую религиозную партию, и страна изо всех сил пытается найти правильный баланс между духовным и светским — между желаниями правительства во главе с религиозной партией и устремлениями вооружённых сил.

Например, ведутся дебаты о том, могут женщины носить хиджаб в школе или нет. Другой вопрос, признавать ли курдский язык одним из официальных языков страны.

В ходе этой беседы я понял, что премьер-министр пытается использовать заявку Турции на вхождение в Европейский союз для уменьшения влияния

---

[37] Озарения Адизеса. Октябрь, 2007.

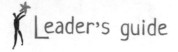

военных, увеличив таким образом власть политического истеблишмента, ведомого в настоящее время возглавляемой им религиозной мусульманской партией.

Как?

В Европейском союзе есть определённые правила и принципы, и один из них гласит, что у вооружённых сил не должно быть голоса в политике. Таким образом, ЕС настаивает на уменьшении влияния вооружённых сил на турецкую политику.

Получается палка о двух концах. ЕС стремится освободить демократию от прессинга военных, но это приведёт к власти в Турции сильное исламистское правительство.

Чтобы демократия была демократией не только по форме, но и по сути, политическая власть не должна находиться ни под чьим контролем, ни военных, ни духовенства. Но именно так обстоит дело в Турции и в Израиле, где религиозные партии меньшинства могут влиять на судьбу правительств.

Правительство также не должно быть зависимо от интересов бизнеса, как в Сербии, где члены правительства также входят в советы директоров крупнейших компаний; или как в Соединённых Штатах, где большой бизнес фактически формирует повестку дня.

Чтобы демократия была демократией не только по форме, но и по сути, политическая власть не должна находиться ни под чьим контролем, ни военных, ни духовенства.

Желательно оградить правительство от влияния любых сильных интересов. В идеале вооружённые силы вообще не должны иметь отношения к политике. Но религия и бизнес тоже должны быть вне правительства. Возможно, даже Сократ был неправ, когда он сказал, что странами должны управлять «философы». На философов оказывают влияние так же, как и на других.

Демократия, по определению, не означает монополии или даже олигополии сил; множественность политических сил, среди которых нет доминирующей, — вот решение. И в такой ситуации политический лидер должен объединять различные точки зрения, не вставая ни на одну из них.

Запрещение запугивания

Что касается описанных выше проблем, то я сказал советнику премьер-министра, что, исходя из принципов взаимного доверия и уважения, не вижу причин, по которым женщины не могут носить хиджаб.

Но, к сожалению, здесь мы сталкиваемся с явлением, которое в СМИ называется «соседское давление». Если разрешить носить в общественных местах хиджаб, то те, кто воспользуется этим правом, будут оказывать социальное давление на остальных, чтобы те тоже носили.

Я предложил советнику следующее решение проблемы, основанное на взаимном доверии и уважении: разрешить хиджаб, но запретить запугивание. Запретить так же, как запрещено сексуальное домогательство. Обе стороны должны признать бесспорное право друг друга вести себя в соответствии со своими религиозными убеждениями, пока они не вмешиваются в верования других людей.

Во время одной из моих лекций я сказал: «Меня не волнует, что вы думаете обо мне. Я не переживаю по поводу того, уважаете ли вы меня. Только *ведите* себя, как будто вы уважаете. Бог, очевидно, не хотел, чтобы мы знали, что думают другие люди, иначе он сделал так, чтобы мы видели мысли. Думайте, что хотите, пока не мешаете мне. Важно не то, что вы *думаете,* а то, что вы *делаете».*

Так носите хиджаб, если вам от этого лучше. Только меня не заставляйте. Обратное тоже верно: не хотите платок — не надевайте, но не мешайте тем, кому в платке лучше.

Взаимоуважение — основа решения. Казалось бы, так просто, но из-за проблем доверия это трудно осуществить. Взаимное доверие означает: если я не мешаю вам вести себя так, как вам нравится, вы отвечаете мне взаимностью и не мешаете мне вести себя так, как нравится мне.

Данный опыт укрепляет мой постулат о том, что доверие должно предшествовать уважению. Если нет доверия, уважение не может даже начать влиять на принятые решения.

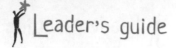

Что не так с языками?

Следующая проблема: принять ли курдский язык в качестве официального? Аналогичный вопрос стоит во многих странах. Черногория, Македония, Израиль и даже Соединённые Штаты задаются вопросом: сколько должно быть государственных языков?

И снова, исходя из концепции взаимного доверия и уважения, я предположил, что проблема не в количестве языков, признаваемых чиновниками. Очевидно, что второй официальный язык означает дополнительные расходы, ведь всё делопроизводство в государстве потребуется вести на двух языках. Но это не главная проблема. Главная проблема — угроза дезинтеграции. Если есть два государственных языка, но население в основной своей массе владеет лишь одним из них, это может привести к расколу.

Два примера такого раскола — Израиль и Македония. Арабы в Израиле изучают иврит в школе и хорошо говорят на нём, но между собой они общаются только по-арабски. Евреи же изучают арабский язык очень поверхностно и не могут бегло говорить на нём; между собой они говорят исключительно на иврите.

Македонцы говорят на македонском языке, но албанцы, которые живут в Македонии, демонстративно отказываются говорить по-македонски.

Эта угроза актуальна и для Соединённых Штатов. Если испанский язык станет вторым государственным языком, то говорящие по-испански люди не должны будут изучать английский, а большинство англофонов и подавно не знает испанского. Без общего языка у нас будет две страны в границах одного государства, неспособных общаться без переводчиков. Что-то тут неправильно, согласитесь? Я называю это расколом.

В Турции, Македонии и Израиле я дал один и тот же совет. Хотите два государственных языка? Прекрасно. Но при условии, что всё население должно бегло говорить на обоих. Должно быть, как в Швейцарии: если житель французского кантона едет в немецкий кантон, он говорит там на немецком языке.

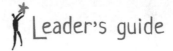

Другое решение — сделать английский обязательным государственным языком, который должны знать все (как в Сингапуре).

Всякий раз, когда возникает опасность раскола, мы должны узаконить интеграционное противоядие. Иначе страна рискует серьёзно пострадать.

Демографическая арифметика в Черногории[38]

В Черногории я читал лекции правительственным чиновникам. Некоторые из них с энтузиазмом рассказывали мне, что у Черногории сегодня большой профицит бюджета и положительный платежный баланс. Они гордились иностранными «инвестициями», которые наводняют страну.

Меня это совсем не радует. По моему мнению, профицит и деньги в казне появились потому, что они распродают страну. Земля, фабрики, здания — всё продается, и другие страны, особенно русские, скупают всё это. «Это не инвестиции, — сказал я заместителю премьер-министра за деловым обедом. — Что вы будете продавать, когда всё, что можно продать, закончится?»

Страна решила вложиться в развитие туризма. Запланировано строительство отелей на 35 тысяч мест — примерно 20 тысяч новых комнат. «Где вы возьмете обслугу для них?» — спрашивал я на каждой деловой встрече. В Черногории живет всего 600 тысяч человек. Трудоспособных из них лишь 200 тысяч, большинство из них государственные служащие и крестьяне. Очевидно, рабочие должны будут приехать из соседних стран, где уровень жизни ещё ниже: из Албании, Боснии и, возможно, даже Сербии.

---

[38] Озарения Адизеса. Октябрь, 2007 (отрывок).

«Ну и что? Ничего страшного, — был ответ. — У нас и так есть многочисленное албанское меньшинство. Улцинь, один из городов, почти на 100 процентов албаноязычный».

«Я не против албанцев, — объяснил я. — Но иностранные рабочие будут обладать всеми гражданскими правами? Или вы хотите поступить подобно южноафриканским властям, которые ввезли африканцев для работы на шахтах и поселили их в нищенских лачугах, относясь к ним даже хуже, чем к людям второго сорта? Это неприемлемое решение».

Когда «временное» значит «постоянное»

Не слишком мудро находить для постоянных проблем временные решения (или постоянные решения для временных проблем). Потребность в рабочей силе — постоянная проблема, и решение нужно постоянное.

> ***Не слишком мудро находить для постоянных проблем временные решения (или постоянные решения для временных проблем).***

Временные решения, если они не изменяются в течение долгого времени, становятся постоянными решениями де-факто. Но чаще всего это плохие решения, потому что они не рассчитаны на долгий срок.

Смотрите, что происходит в Соединённых Штатах с 12 миллионами незаконных трудовых мигрантов. Наша экономика нуждается в них, но мы не хотим признавать их гражданами. Поскольку они не граждане, они не платят налоги, хотя пользуются нашим здравоохранением и образованием. Но если бы им позволили стать гражданами и допустили к голосованию, это изменило бы демографию страны.

«В вашем случае, — сказал я заместителю премьер-министра, — если натурализовать всех рабочих, которые вам понадобятся, черногорцы мгновенно станут меньшинством в собственной стране».

Демографическая ситуация в Черногории и так проблематична. Парламент не может принять Конституцию, потому что нет консенсуса по вопросу об официальном языке: сербский (в Черногории живет многочисленное сербское население), или же черногорский?

«Что вы будете делать, — спросил я, — когда демография вашей страны многократно усложнится?»

В Черногории есть определённый национализм, что нормально для новых стран. Здесь хотят, чтобы государственный чиновник был обязательно черногорцем. Черногорцы даже сформировали совершенно новую черногорскую Православную церковь. (В прошлом черногорцы были прихожанами сербской Православной церкви.)

Но невозможно сохранить черногорскую уникальность и поглотить значительную часть населения соседних стран. Страна может стать многоэтнической, но только осознанно, и это должно быть отражено в Конституции. Например, следует предусмотреть разделение государства и религии, потому что различные этнические группы принадлежат к разным церквям.

Черногорцы хотят съесть свой пирог, но чтобы он у них остался. Увы, так не бывает.

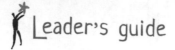

Проблема необузданной коррупции

Сербия[39]

Когда премьер-министр Зоран Джинджич был убит в марте этого года[40], я действительно полагал, что в затяжной войне между сербским правительством и мафиозными структурами будет наконец поставлена точка. Убийство казалось мне отличным предлогом для правительства, чтобы пересажать мафиози в тюрьмы, ликвидировать политическую поддержку оргпреступности и взять всю полноту власти.

Война между правительством и мафией происходит не только в Югославии. Когда рушились коммунистические режимы в России, Венгрии и других странах, а новые демократические институты немедленно не брали на себя управление, преступные группировки тут же заполняли вакуум власти.

В России Владимир Путин очень старается взять под контроль организованную преступность. И именно это должно было произойти в Югославии.

Мафия защитила и поддержала Джинджича в его сражении за власть против Милошевича. Но, придя к власти, Джинджич не стал благодарить крёстных отцов. Мало того, он не позволил организованной преступности диктовать свою политическую волю; с его подачи была принята программа защиты свидетелей в суде. Свидетелей, обличающих мафию, конечно же.

Мафия убила его; во всяком случае, я так считаю[41]. Я также полагал, что убийство Джинджича настолько возмутительное и наглое, что у его преемника будет

---

[39] Озарения Адизеса. Ноябрь, 2003.

[40] Джинджич был убит 12 марта 2003 г. — *Прим. ред.*

[41] Решение Специального суда по организованной преступности в Белграде в мае 2007 г. подтверждает моё подозрение. За убийство Джинджича были осуждены 12 человек, включая центральные фигуры тайной полиции и мафии. — *Прим. авт.*

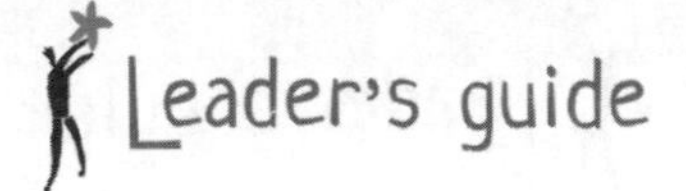

желание, повод и власть, чтобы разорвать безобразный союз между мафией и правительством. Власть и влияние организованной преступности в Югославии могли быть уменьшены, если не ликвидированы.

Я был неправ. Этого не произошло совсем. Преступные группировки были связаны не только с Джинджичем, но и с другими чиновниками правительства. И начинает казаться, что собственное правительство Джинджича могло быть заинтересовано в его смерти ничуть не меньше, чем главари мафии.

В результате процесс приватизации Югославии превратился в игру с заранее известным результатом. Те, кто связан с правительством или с преступными группировками, получают всё, что захотят, по самой низкой цене. Все остальные — просто за бортом. Среди сербов ходит горькая шутка: «В некоторых странах есть мафия. В Сербии у мафии есть страна».

Страна стоит на коленях, и пусть вас не вводят в заблуждение переполненные рестораны. В Сербии рестораны играют терапевтическую роль. Когда человек чувствуют боль и напряжённость, он идёт в ближайший ресторан выпить и поесть как следует.

Украина[42]

Почему в некоторых обществах коррупция считается явлением допустимым и чуть ли не само собой разумеющимся? Во многом это зависит от того, насколько долго существует коррупция, насколько она открыта и какая борьба с ней ведётся (если ведётся вообще).

На Украине я обнаружил, что многие фирмы платят деньги «на защиту» некой тайной организации, которая обещает отсутствие налоговых проверок.

---

42 Озарения Адизеса. Октябрь, 2007.

И это — широко распространённая практика. Это даже не тайна. Когда я выражал удивление, мне говорили, что взяточничество — совершенно нормальное дело. Студент может «дать на лапу» преподавателю, чтобы получить удовлетворительную оценку, даже если он никогда не появлялся в аудитории. Некоторые из практикующих адвокатов признавались мне, что никогда не учились юриспруденции, а просто *купили* свой диплом. И то же самое относится к некоторым врачам. В это трудно поверить, но продается всё: от водительских прав до руководящих постов в государстве. Вопрос только в цене.

В это трудно поверить, но продается всё: от водительских прав до руководящих постов в государстве. Вопрос только в цене.

Как победить такую коррупцию? Ведь очевидно, что экономическая политика в таких условиях успешной быть не может, хотя люди приспосабливаются ко всему и работают даже в такой обстановке.

Но без соответствующего налогообложения как государство обеспечивает образование и здравоохранение? Ясно, что плохо. Те, у кого есть деньги, покупают нужные услуги в частном порядке или уезжают за границу; те, у кого денег нет, страдают и умирают. Сколько времени люди будут терпеть всё это, прежде чем начнутся волнения или даже революция?

Ценности предшествуют форме и функции

Есть форма, и есть функция. Но есть также ценности, на которых основываются форма и функция.

Страны с переходной экономикой часто пытаются скопировать демократическую систему Соединённых Штатов и её рыночную экономику. Но их системы ценностей могут отличаться. Американская система основана на справедливости. Люди из других стран не всегда понимают эту культурную доктрину «честной игры». Многие считают аксиому американцев о справедливости наивной или даже глупой; я не раз это слышал.

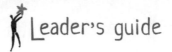

Почему американцев обвиняют в наивности? Они верят тому, что им говорят, а американские системы государственного управления и бизнеса дают людям беспрецедентную свободу действовать, основываясь на доверии.

Вот личный пример, который удивил меня, когда я только приехал в Америку. Если позвонить в телефонную компанию и сказать, что таксофон «проглотил» ваши 25 центов, а соединение так и не было установлено, телефонная компания попросит ваш адрес и пришлёт вам потерянные деньги. Я был более чем удивлён, когда это произошло. «Телефонная компания верит тому, что я говорю?» — я ничего не мог понять.

Или же взять газетные киоски. Вы кладёте монетку и должны взять газету (только одну, но никто не проверяет, сколько газет вы берёте). Вам верят, что вы не украдёте газеты, чтобы затем их перепродать. Ни в одной из стран, где я был, не могло бы быть ничего подобного. О доверии речь просто не идёт. В эпоху коммунизма в России, например, вы не могли заказать бутерброд в столовой, а затем заплатить за него. Ни в коем случае. Сначала нужно было заплатить, вам пробивали чек на кассе, и вы могли получить свою закуску.

Американская рыночная экономика свободна, и в ней есть определённые ценности. Если эти ценности нарушены, государство считает возможным вмешаться. Я вижу систему «честной игры» всюду: в парке, AYSO[43], ресторанах, очереди на самолет... Проблема в том, что в некоторых культурах, которые хотят скопировать американскую модель свободного рынка, честность не в почёте. Их система ценностей основана на власти и силе. «Получи власть и используй себе во благо». Не можешь — смирись и страдай. В этих культурах честность — для неудачников.

К чему это приводит? Если американские политические и экономические модели копируют, не разделяя американскую систему ценностей, получается фарс. Те, у кого есть власть и сила, пользуются всеми благами мира, а остальным в лучшем случае достаются крошки с их стола. Сочетание американских экономических и политиче-

---

43 AYSO (American Youth Soccer Organization) — Американская футбольная молодёжная организация. — *Прим. перев.*

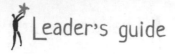

ских моделей с основанной на силе системой ценностей порождает такую социополитическую систему, которая по-настоящему отвратительна для американцев.

Предсказуемое отступление Путина[44]

Находясь в Белоруссии, я увидел по спутниковому каналу CNN передачу «Царь Путин»[45], в которой утверждалось, что Путин разрушает подающую надежды демократию в России. Будь я в этот момент у себя дома в Санта-Барбаре, Калифорния, думаю, я согласился бы с критикой Путина. Но из Минска всё видится совершенно иначе.

Почему люди удивлены тем, что делает Путин?

Развитие не линейно. Мы всегда делаем два шага вперёд, один назад. Даже находясь на диете, где важнее всего не менять свою модель поведения. Развитие всегда идёт по ломаной. И это особенно верно для России, у которой никогда не было опыта настоящей демократии. В этой стране на протяжении веков одна диктатура сменяла другую.

В этом столетии русские проделали огромный путь от централизованного планирования до рыночной экономики.

Когда мы пытаемся децентрализовать компанию, намного меньшую, чем государство, мы сталкиваемся с огромными проблемами и ненормальными реакциями на культурные изменения. А здесь мы говорим о самой большой в мире стране, совершающей переход от стопроцентно государственной экономики к частной собственности, от социализма к капитализму. Это не только смена собственника.

---

[44] Озарения Адизеса. Январь, 2008.

[45] Эфир 2 декабря 2007 г.

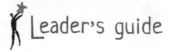

Это — изменение всей системы ценностей. Такие перемены не могут происходить без некоторых отступлений. Это нормально.

Россия традиционно не только поддерживала власть, она её прославляла. Именно поэтому Сталин так долго оставался во власти. Тех, кто шёл наперекор этой культуре, как Борис Ельцин, общество отвергало и презирало. Ельцин появлялся на публике пьяным и даже танцевал, как цирковой клоун. Благодаря его действиям распался Советский Союз, и многие обвиняют его в утере прежней славы России. Путин, напротив, воспринимается как человек, возвращающий русским гордость и чувство собственного достоинства.

Россия традиционно не только поддерживала власть, она её прославляла.

Мнение, что демократия в России не может развиваться без крепкой оппозиции, не отражает существующую политическую культуру России. Любая оппозиционная партия, критикующая российскую власть, воспринимается обществом как пытающаяся ослабить государство, а русские и без того считают, что их страна слаба и унижена. Они хотят ощущать себя более сильными.

Культурный шок

Запад ждёт, что русские примут модель конкурентной демократии. Но на текущей стадии культурного развития России, учитывая огромную традицию прославления власти, конкурентная политическая борьба здесь кажется противоестественной.

В Израиле мне рассказывали, что российские евреи, репатриированные в 70–90 гг. XX века, испытали настоящий культурный шок. У них в сознании не укладывалось, что можно критиковать, высмеивать и открыто давить на избранных лидеров Израиля. Они считали, что это всё равно что плюнуть в лицо собственной матери.

Следует понять, что политические системы не сводятся к процедуре. У них есть культурный компонент, и то, что приемлемо для нас, может быть полностью чуждым другой стране.

Ещё момент. Американские газеты критикуют Путина за то, что он усложнял нам жизнь своей позицией по Ирану и Косово. Право, удивительно. А что делали мы в 1962 г., когда русские собирались разместить ракеты на Кубе? США чуть не развязали войну. А теперь президент Джордж Буш-младший размещает ракеты у самых границ России, и мы почему-то полагаем, что Путин это примет как должное. Какое высокомерие!

Я не оправдываю действия Путина. Нисколько. Но то, что он делает, вполне ожидаемо: не он, так кто-нибудь другой поступал бы точно так же. Путин понимает, чего от него хочет страна; он стремится вернуть российскому обществу точку опоры, потому что изменения, произошедшие в России, в буквальном смысле подорвали устои.

В России произошли колоссальные перемены, и страна должна «зафиксировать вес», прежде чем двигаться дальше. Демократизация должна исходить изнутри, а не экспортироваться Соединёнными Штатами — в противном случае общество её не примет, считая утратой суверенитета.

Сперва Россия должна возродить гордость, потерянную с распадом Советского Союза. Затем нужно обуздать дикий капитализм, который напоминает сейчас поезд без машиниста. В Москве не редкость нищие, просящие милостыню напротив витрин магазинов для миллионеров. А ведь люди не забыли ещё идеалы социализма; до сих пор они терпели всё увеличивающийся разрыв в доходах, но вряд ли это продлится долго.

Как и в медицине, корректирующие действия врача после рецидива должны совпадать с желанием самого больного. Их нельзя проводить насильно; это только задержит развитие, которое всё равно произойдет так или иначе.

Независимость Косово: трагедия и удача Сербии[46]

Во всём мире найдется немного мест, которые вызывали бы у народов такие сильные эмоции, как Косово у сербов. Это как Иерусалим для евреев или Мекка для мусульман.

Американцам трудно это понять, потому что в Соединённых Штатах нет ничего похожего. По крайней мере, я ни о чём подобном не знаю.

Для сербов Косово — символ национального единства. На Косовом поле они проиграли решающую битву с турками[47] и были порабощены на целых 500 лет. Здесь родилась сербская нация. Косово воспето сербами в поэзии, музыке и изобразительном искусстве. С самого раннего детства сербским детям рассказывают о том, кто и как сражался на Косовом поле 500 лет назад и как погиб.

Символы оказывают глубокое, подчас иррациональное воздействие на эмоции и души людей. Символы могут быть опасными. Люди умирают за символы. За символы они посылают своих детей на смерть.

Вообразите, что произошло бы, если бы израильтяне были вынуждены бросить Стену Плача. «Это — всего лишь стена», — непременно скажет кто-то. Но это не имеет значения, потому что Стена символизирует мечты и тоску еврейского народа по свободе и утраченной Родине. Вне всякого сомнения, прольётся кровь, и люди будут умирать из-за этой Стены.

---

[46] Озарения Адизеса. Февраль, 2008.

[47] Битва на Косовом поле — крупное сражение, состоявшееся 15 июня 1389 г. между объединёнными войсками Сербии и Боснийского королевства (примерно 20 тыс. человек) с турецкой армией султана Мурада I (около 30 тыс. человек). Битва состоялась на Косовом поле, в 5 километрах от современной Приштины. Османские войска одержали решительную победу, но из-за высоких потерь были вынуждены отступить к Адрианополю. Битва характеризовалась невероятным ожесточением с обеих сторон. — *Прим. ред.*

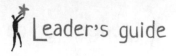

А как насчёт Мекки? Что произошло бы, если бы Соединённые Штаты вдруг решили признать независимую Мекку, отдельную от мусульманского мира? Можете вообразить, как исламские страны и отдельные мусульмане отреагируют на это?

Или ещё пример, ближе к нашей действительности. Представьте, что Иран захватил Статую Свободы и объявил мусульманской святыней. Что при этом будут чувствовать американцы?

Теперь умножьте эту эмоциональную реакцию в сто или даже в тысячу раз, и вы поймёте, что значит для сербов потеря Косово. Это — их сербский Иерусалим, их Мекка, их Статуя Свободы, их Геттисберг[48], их Аламо[49], их Колокол Свободы[50].

И как же случилось, что Сербия потеряла Косово, если оно так важно для сербов?

Декларация независимости Косово, провозглашенная утром 17 февраля 2008 г., была только последним актом в драме, которая началась давным-давно.

В 1991 г., когда премьер-министр Сербии попросил меня проконсультировать его правительство в связи с распадом югославской федерации, я узнал следующее.

---

[48] Битва при Геттисберге — сражение между юнионистами и конфедератами, произошедшее 1–3 июля 1863 г. в округе Адамс, штат Пенсильвания. Самое кровопролитное сражение в ходе Гражданской войны в США, считающееся переломной точкой в конфликте. В результате этого сражения армия южан понесла тяжёлые потери и утратила стратегическую инициативу. — *Прим. ред.*

[49] Битва за Аламо — наиболее известная битва Техасской революции. После того как повстанческая армия техасских поселенцев и авантюристов, прибывших из Соединённых Штатов, выдворила все мексиканские войска из Мексиканского Техаса, президент Мексики Антонио Лопес де Санта-Анна возглавил вторжение, стремясь вернуть контроль над областью. 23 февраля 1836 г. мексиканские войска вошли в Бехар и осадили техасский гарнизон в миссии Аламо. 6 марта мексиканская армия штурмом взяла форт Аламо. Из всех бойцов техасского гарнизона, участвовавших в битве, выжили только два человека. — *Прим. ред.*

[50] Колокол Свободы — колокол, находящийся в Филадельфии, США, главный символ американской истории борьбы за независимость от Великобритании. Звон колокола созвал жителей Филадельфии на оглашение Декларации независимости Вторым континентальным конгрессом 8 июля 1776 года. — *Прим. ред.*

В конце Второй мировой войны численность албанского населения Косово составляла менее 100 тысяч человек. Но рождаемость у них одна из самых высоких в мире, приблизительно девять детей на семью, если не ошибаюсь. За прошедшее время их численность увеличилась примерно до двух миллионов человек. Согласно отчету Хельсинского комитета по правам человека в Сербии, албанцы силой заставляли косовских сербов продавать им землю.

Предвыборные обещания Милошевича

В 1986 г. к власти пришёл Слободан Милошевич. Он провозгласил лозунг «Косово в Сербию», который подчеркнул его намерение возвратить Косово, «национальную колыбель Сербии», сербам. В Белграде прошли миллионные демонстрации в его поддержку, и Милошевич был избран.

Во времена Иосипа Броза Тито каждая республика югославской федерации была обязана выделять средства для развития отсталых регионов Югославии, то есть Косово. И тогда, и ныне в Косово была высокая рождаемость и столь же высокая безработица.

Под тяжёлой рукой Тито никто и помыслить не мог выступить против этой политики. Президиум СФРЮ, к которому перешла власть после его смерти, постепенно становился с политической точки зрения всё более и более слабым. В конце концов хорваты и словенцы бросили ему открытый вызов.

Культура, религия и даже язык словенцев не имеют ничего общего с Сербией. «Почему мы должны финансировать сербскую святыню?» — спрашивали они.

Католики-хорваты (сербы — православные) тоже не хотели финансировать мусульманское Косово. «Если это — колыбель сербов, пусть они за неё и платят», — говорили они.

Словения и Хорватия мечтали о независимости в течение многих столетий. Поэтому, когда Милошевич без их согласия выделил из федеральной казны средства для поддержки Косово, он дал этим странам хороший повод для выхода из федерации. «Мы отказываемся подчиняться Сербии; мы не их вассалы», — заявили хорваты со словенцами. «Поскольку сербы всё решают без нас, мы выходим из федерации».

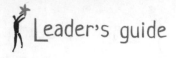

Ежегодные ассигнования на развитие Косово, поддержание его системы здравоохранения и образования, а также на содержание воинских частей на его территории составляли примерно 1,5 миллиарда долларов к 1991 г. С тех пор они не уменьшились. Но теперь платить приходилось уже одной только Сербии.

Когда я встретил Милошевича в 1991 г., я спросил его, почему Сербия продолжает оплачивать косовские счета и как он представляет себе возвращение Косово сербам. «Два миллиона человек не рассеются, словно туман, — предупредил его я. — Куда они денутся? Вы не можете выгнать их в Македонию. Это испугает Грецию, которой хватает мусульман на южной границе с Турцией». (Я хорошо знал об этом страхе, потому что консультировал тогда и греческое правительство тоже.)

«Два миллиона человек не рассеются, словно туман, — сказал я Милошевичу. — Куда они денутся?»

«Кроме того, вмешается НАТО, — продолжал я. — В Албанию, одну из самых бедных стран на земле, вы тоже не сможете их выселить. И в Италию не сможете. Албанское население останется в Косово. И оно не хочет быть частью Сербии. Это — действительность, от которой вам никуда не уйти. Меж тем албанцев становится всё больше, а вы платите по их счетам. Сколько времени вы сможете сидеть на штыках?» — спросил я, перефразируя тонкое замечание, приписываемое Талейрану[51].

«Вы должны отпустить Косово, — настаивал я. — Способ, которым вы получили власть, не годится, чтобы оставаться у власти. Косово — это гангрена Сербии. И она продолжает распространяться».

---

[51] Испанская пословица. Поскольку в русский язык выражение пришло из французского, его часто приписывают то Наполеону, то Талейрану. В оригинале: En las bayonetas se puede apoyarse, pero a ellos no es posible estar. — На штыки можно опираться, но на них нельзя сидеть. — *Прим. ред.*

Проверка на адекватность

«Сколько албанцев живет сейчас в Белграде?», — спросил я.

«Приблизительно 40 тысяч», — ответил Милошевич.

«Именно так было в Косово 40 лет назад, — сказал я. — А теперь их там два миллиона. Через 40 лет албанцы будут большинством в Белграде, а вы, сербы, будете меньшинством в своей собственной стране. Так произошло с бурами в Южной Африке, и так бы уже давно было с евреями в Израиле, если бы не иммиграция из бывшего СССР. Если бы не это, арабы уже были бы большинством. Уходите из Косово, сократите свои потери, или вы подвергнете опасности всю Сербию», — предупредил я Милошевича и продолжал это говорить каждому последующему сербскому правительству.

Но символы сильнее аргументов. И эмоции сильнее логики.

Как все мы знаем, Милошевич всё же решил восстановить управление Косово путём этнических чисток. В ответ НАТО вышибло сербов из Косово, и оно объявило независимость. Хотя Сербия потеряла свой Иерусалим, свою Мекку, задолго до того.

Почему Милошевич и последующие правительства не могут решиться бросить Косово и таким образом уменьшить свои потери?

Ни один сербский политик не может это сделать, каким бы рациональным ни казался подобный поступок. Представьте израильского лидера, предложившего добровольно передать Стену Плача арабам. Есть ли у него шансы после этого продолжить карьеру? А как насчёт мусульманского вождя, который согласился предоставить Мекке независимость? Это было бы политическим самоубийством, верно?

Все сербские политические деятели думают о том, какой след они оставят в истории. Им известно: кто бы ни отдал Косово, для сербов он станет Иудой, предателем. И большинство сочтёт, что здесь не обошлось без взятки, потому что любое другое объяснение людям не понравится.

Кроме того, лидер, отпустивший Косово, будет немедленно отправлен в тюрьму, потому что это противоречит Конституции Сербии.

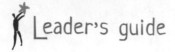

Сербия оказалась в тупике. Чтобы удержать Косово, уже потрачены миллиарды долларов, но Косово всё равно пришлось отдать, сначала НАТО, а потом — силам ООН. Невозможно вернуть Косово без албанцев, а с албанцами им можно управлять только силой. Независимость Косово — свершившийся факт.

Но заметьте: отделение Косово — счастье для Сербии. То, что сербские политические деятели не могли сделать сами, сделано за них. Не стало, наконец, омертвевшей ткани, которую давно следовало ампутировать. Наконец-то появилась возможность направить энергию и ресурсы на развитие самой Сербии, а не области, население которой ненавидит сербов и никогда ни в какой форме не намерено возвращать вложенное.

Однако Косово — символ, а значит, опера еще не закончена. Толстая леди ещё не пела. Я не могу сказать когда, но уверен, что, если Косово и Сербия не воссоединятся в рамках Европейского союза, снова прольётся кровь. Сербы, конечно, попытаются взять обратно Косово. У них ничего не выйдет, но пока это станет очевидно, прольётся ещё немало крови.

Сербы никогда не забудут Косово; оно навсегда в их поэзии, их песнях, в их крови. Албанцам тоже некуда отступать. Они будут сопротивляться, потому что Косово теперь их родина.

Оставайтесь с нами.

Печальное наследие гражданской войны в Хорватии[52]

В этом году я читал лекции в университете Штроссмейер в Осиеке, Хорватия. Осиек расположен в нескольких милях от Вуковара, города, печально прославившегося во время гражданской войны 1991 г. Тогда в ходе войны, приведшей к распаду югославской федерации, сербы устроили здесь настоящую резню хорватов.

Осиек не был захвачен сербами, как Вуковар, но попал в блокаду, а его жители спасались бегством. Из 100 тысяч осиекцев только 10 тысяч оставались в городе. Остальные покинули свои дома, чтобы укрыться с семьёй или друзьями. Из 10 тысяч оставшихся примерно 1,5 тысячи погибли при артобстреле и бомбежках. В городе и сегодня ещё много зданий со следами от пуль и осколков.

Во времена СФРЮ город был крупным индустриальным, культурным и образовательным центром Хорватии. Большинство его жителей имели смешанное сербское и хорватское происхождение. Национальность можно было определить лишь по вероисповеданию: сербы — православные, хорваты — католики.

Когда началась война, говорят местные жители, трудно было понять, кто на чьей стороне, поскольку очень много браков были смешанными. Но семьи распались. Родители осудили своих зятьёв и невесток. Они осудили собственных внуков. Ненависть достигла невероятного накала.

Как такое могло случиться? Откуда взялась эта ярость и вражда?

Из-за религии? Нет, ведь большинство этих людей были не слишком набожными.

---

[52] Озарения Адизеса. Март, 2009.

Из-за языка? И опять нет, ведь сербский и хорватский очень близки, как британский и американский диалекты английского — отличается только графика (у сербов — кириллица, у хорватов — латиница) и акцент.

Конкуренция из-за земли или ресурсов? Хорваты считают, что во времена югославской федерации Белград собирал денег гораздо больше, чем возвращал обратно в республику. Но одно лишь это не могло вызвать такую ненависть.

Откуда же взялась такая лютая злоба?

Думаю, что тут замешан национализм: идентичность, национальная гордость. И всё же трудно представить, что одним этим объясняются злодеяния той войны, когда люди стреляли друг в друга без разбора, убивая ради убийства.

> ***Моя квартирная хозяйка в Осиеке рассказывала, что во время войны нужно было слушать хорватские новости, а потом тут же переключаться на сербские — только так, сравнивая два варианта подачи событий, можно было понять, где правда.***

Несколько лет назад один хорватский социолог, мой очень хороший друг, объяснил мне это (не смея, однако, открыто выразить своё мнение). И в разговорах с жителями Осиека я нашёл подтверждение его точки зрения.

Он сказал, что националистические политические деятели с обеих сторон сознательно подогревали ненависть ложными сообщениями о вымышленных злодеяниях. Зачем? Хорваты стремились усилить сепаратистские настроения, а сербам было нужно вызвать стремление наказать хорватов за желание отколоться.

Например, хорватское телевидение сообщало, что хорваты в отдалённой деревне убиты и тела их сожжены, а их дома разграблены сербами. По всей стране прокатывалась волна возмущения, призывы к оружию, требования мстить. Но если бы вы поехали в ту отдалённую деревню, то с удивлением обнаружили, что ни о каких злодеяниях там ничего не знают.

Точно так же поступало и сербское телевидение, чтобы подпитать иррациональную ненависть, испытываемую сербами по отношению к хорватам на протяжении нескольких поколений.

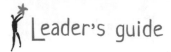

Моя квартирная хозяйка в Осиеке рассказывала, что во время войны нужно было слушать хорватские новости, а потом тут же переключаться на сербские: только так, сравнивая два варианта подачи событий, можно было понять, где правда.

В условиях такой интенсивной пропаганды и всеобщих призывов к мщению злодеяния уже не требовалось фабриковать. Они стали реальными. С обеих сторон.

Мины и сельское хозяйство

Война оставила свой след. Славония, столицей которой является Осиек, всегда была житницей Хорватии. Здесь много пахотной земли, очень плодородная почва и удобный для обработки плоский рельеф местности. Но поля заброшены. Земля Славонии буквально нашпигована минами. Вдоль дороги между Осиеком и Вуковаром стоят многочисленные плакаты: «Осторожно, мины!»

Земля Славонии буквально нашпигована минами.

Поскольку у хорватского правительства нет средств, чтобы провести разминирование, землю невозможно обрабатывать. Раз не работает сельское хозяйство, покупательная способность населения резко уменьшилась, и упал торговый оборот. Это означает, что у промышленности Осиека всё меньше возможностей для сбыта своей продукции, не говоря уже о том, что Хорватия — намного меньший рынок сбыта, чем бывшая Югославия.

Результат? В Осиеке 25-процентная безработица. В Вуковаре — 50-процентная. И многие из безработных имеют университетское образование.

Хорватия — развитая страна. Молодые люди ориентированы на поступление в вуз, получение высшего образования с университетским дипломом. Но для них нет работы. Эмигрировать нелегко, но некоторые действительно уезжают в Германию, Швецию или Швейцарию. Лучшие умы покидают страну.

Пожилые люди, помнящие жизнь в Югославии, считают, что тогда было лучше. Правда, это было коммунистическое государство, но в нём была работа. Была безопасность. Детям не нужно было уезжать за границу.

Молодые хорваты не соглашаются. Почему? Потому, что в школе им внушили, что Югославия была полицейским государством, что сербы грабили Хорватию, и т. д., и т. д., и т. д. Типичная националистическая пропаганда.

Ненависть продолжается

В Хорватии не стоит петь сербских песен. Хорваты даже обособили собственный язык, чтобы не говорить на сербском. Раньше язык назывался сербскохорватским, он был единым. Но это не устраивало хорватских националистов. Они раскопали старые хорватские слова, бытовавшие ещё в Средневековье, придумали новые, заставили преподавать их в школах и вынудили газеты и другие СМИ использовать их.

Несколько лет назад я легко разговаривал с хорватами. Теперь я даже газету читаю с трудом.

Перед началом моей лекции мои хозяева несколько часов решали, как назвать язык, на котором я буду говорить. Я не знаю новый хорватский язык, а о том, что лекция пройдёт на сербском, они сказать не смели. И при этом им нельзя было назвать этот язык сербскохорватским, потому что это значило бы признать, что эти два языка суть один, а это политически неправильно и даже опасно.

Было изобретено следующее решение: студентам объявили, что лекция пройдет на «комбинации сербского и хорватского языков».

Конечно, в основном все хорваты понимают сербский язык. Они говорили на нём совсем недавно. Это как если бы в Гражданской войне в США победили южане, и теперь техасцы говорили бы на техасском языке, а жители Бостона — на бостонском. Но на самом деле и тот, и другой язык были бы просто диалектами английского.

Я читал лекции на сербском и использовал буквально три новых хорватских слова, чтобы никого не обмануть (по поводу комбинации двух языков).

Одна из моих книг переведена на новый хорватский язык. Все другие доступны на сербском. Чтобы никого не расстроить, сербскоязычные книги в аудиторию не приносили, даже при том, что все участники отлично бы их поняли.

Когда я заказал в ресторане сербский салат (резаные помидоры, огурцы, маслины и лук), официант буквально опешил. Я понял свою ошибку, быстро заказал греческий салат и попросил не класть в него брынзу. Получился тот же самый сербский салат.

Это напомнило мне о другом политически неправильном заказе, который я когда-то сделал в Греции: я посмел заказать турецкий кофе. Меня чуть не вышвырнули из ресторана! Это — греческий кофе, настаивали они. В Турции я заказал греческий кофе и увидел саркастическую ухмылку на лице официанта. Я ломал голову: какой кофе заказать в Хорватии? На всякий случай заказал «местный кофе».

Мне сказали, что Европейский союз субсидирует управленческое образование в «западнобалканских странах». «А где они, эти Западные Балканы?» — спросил я. Мне тут же стали перечислять: Хорватия, Македония, Сербия, даже Болгария. Стоп! Посмотрите на карту! «Если Болгария — это Западные Балканы, то где же Восточные?» — изумился я.

> ***В Греции я посмел заказать турецкий кофе. Меня чуть не вышвырнули из ресторана!***

«А нет никаких Восточных Балкан, — сказали мне. — Они все Западные».

Я предоставляю читателю возможность самому в этом разобраться.

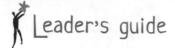

Любое название, кроме «Македония»[53]

Один из самых известных бизнесменов Македонии пригласил меня прочитать лекцию для деловых кругов Скопье, города, где я родился. Я в то время работал поблизости, в Черногории, и предложил прочитать лекцию бесплатно, если мне организуют вечер обожаемой мною народной музыки.

Когда я прибыл, у меня уже была назначена встреча с Бранко Црвенковским, президентом Черногории, и Киро Глигоровым, прежним президентом. Но я ещё не знал, что всё закончится настоящей политической бурей, в самом центре которой буду находиться я. Моя поездка создала большой шум в СМИ, меня атаковали и критиковали.

Начну с предыстории.

Скверное соседство

Македония — небольшая страна, население которой насчитывает примерно два миллиона человек. Она граничит с Албанией на западе, с Грецией на юге, с Болгарией на востоке и с Косово на севере. Худшего соседства трудно представить.

От 25 до 40 процентов населения Македонии имеют албанское происхождение. Они не чувствуют себя македонцами; они называют себя албанцами македонского гражданства. Некоторые даже отказываются говорить по-македонски. Это очень похоже на проблему, которую Израиль имеет с арабским населением оккупированных территорий.

---

[53] Озарения Адизеса. Апрель, 2009 (отрывок).

Албания очень близка населению Македонии, как, впрочем, и Косово, которое буквально перед описываемыми событиями получило независимость. Границы довольно прозрачны, многие семьи живут по обе их стороны. Здесь можно увидеть телепрограммы всех сопредельных стран, да и радиоволны оказывают границам мало почтения. Албанское население Македонии иногда поговаривает об отделении от Македонии.

Один член македонского парламента, который был также членом правящей коалиции, недавно выступил в Тиране с предложением разделить Македонию. Проигнорировать такой «шум» невозможно.

Вдобавок Болгария на протяжении веков стремилась захватить Македонию (и преуспела в этом во время Второй мировой войны при помощи своих союзников-немцев). Даже сегодня некоторые болгары утверждают, что македонский язык — диалект болгарского. Член македонского парламента недавно просил и получил болгарский паспорт, и некоторые политические деятели в Скопье настроены очень проболгарски, тем более что Болгария — член Европейского союза.

И, будто перечисленных выше проблем недостаточно, у Македонии есть ещё очень серьёзный конфликт с Грецией. Северная Греция населена эгейскими македонцами, говорящими на греческом языке. Греческое правительство запрещает строить македонские культурные центры, использовать македонский язык и даже носить македонские фамилии. Греки боятся македонского сепаратизма. Поэтому, когда в 1991 г. образовалось новое государство Македония, Греция отказалась признавать его под этим именем, упорно называя своего соседа «бывшая югославская республика Македония». Афины даже накладывали торговое эмбарго на Македонию, чтобы та изменила своё название.

В начале 90-х я одновременно консультировал премьер-министра Македонии и греческое правительство. Я пытался действовать как мост между этими двумя странами, чтобы они смогли найти компромисс. Никаких шансов. Македонцы не поменяли бы название страны, даже если бы было нужно всего лишь добавить к слову «Македония» слово «Новая», чтобы отличаться от древней Македонии, включавшей части Греции.

Почему? Потому что этого не поняли бы избиратели; резко возрастал риск поражения на выборах.

Но, пока Македония не изменит название, Греция не пустит её в НАТО и Европейский союз. Это крайне важно по нескольким причинам. Экономическая сторона вопроса очевидна. Но не менее важно было бы воссоединить албанскую общину Македонии с албанцами, живущими в Албании (последняя подала заявку на вступление в ЕС в апреле 2009 г.).

Для поединка нужен Александр

Националистическое правительство Македонии не идёт на уступки в отношении названия. И это лишь распаляет греков.

Пока Македония не изменит название, Греция не пустит её в НАТО и Европейский союз.

Так, македонское правительство назвало аэропорт в Скопье «Александр Македонский». Похоже, это намёк, что Александр Великий был не греком, но македонцем. Кроме того, македонские лидеры нашли племя в Пакистане, считающее себя потомками солдат Александра, и организовали сравнительную экспертизу ДНК, надеясь доказать, что современные македонцы также потомки Александра Великого.

Всё это только усиливает решимость Греции не допустить Македонию в НАТО и ЕС. Афины настаивают, что исторические македонцы, включая Александра, были греками, и новая страна Македония попросту «украла» у них законное наследие.

Прошлым летом я провёл неофициальные консультации с греческим правительством, чтобы понять, что мешает найти взаимоприемлемое решение. Мой вывод: оба правительства действовали как кошка, которая залезла на дерево и теперь не может спуститься.

Греческие политики усердно эксплуатировали тему названия северного соседа, чтобы мобилизовать электорат на выборы, и СМИ активно им в этом помогали. (Чем более эмоциональна проблема, тем больше продаётся газет.)

То же верно и для Македонии. В результате сегодня ни то, ни другое правительство не может пойти на компромисс, не потеряв лица. Тупик. Любое решение, хоть греческое, хоть македонское, неизбежно будет отклонено другой стороной — надо же поддерживать имидж несгибаемого борца.

Вожди Македонии не желают отказываться от имени «Македония». Они рассчитывают, что президент США, несмотря на наличие сильного греко-американского лобби, окажет давление на Грецию, чтобы та перестала блокировать вхождение Македонии в НАТО и ЕС.

Во время посещения Бухареста в апреле 2008 г. тогдашний президент Джордж Буш уже даже публично объявил о своей поддержке приглашения Македонии в НАТО. Но вдруг — кто бы мог в это поверить?! — Греция наложила вето!

Это стало ударом по репутации Соединённых Штатов и одновременно показало принципиальность позиции Греции в этом споре.

То, что произошло в Бухаресте, слегка отрезвило Скопье. Надежда, что греческое вето будет преодолено, испарялась, и некоторые лидеры Македонии поняли, что название страны придётся менять.

Премьер-министр теперь хочет вынести этот вопрос на референдум. Но страсти, которые цинично раздувались в течение 15 лет, вряд ли быстро улягутся. Референдум не поможет. А это значит, что Македония так и останется вне НАТО и Европейского союза. Кошка продолжит сидеть на дереве.

Я в роли морской свинки

Теперь обо мне.

Телевизионщики и газетчики взяли у меня интервью. Я сказал примерно то, что изложено выше, и добавил, что возникший тупик — следствие недостаточной уверенности в себе у македонцев, из-за чего они отказываются изменить название. Если бы македонцы были уверены в своей идентичности, проблема решилась бы намного легче.

Я также сказал, что поведение важнее происхождения. Вот пример: во время Второй мировой войны еврей перешёл в католицизм и в конечном счёте стал епископом Парижа. Правдивая история. Так кто он теперь, еврей или католик? Я заявил, что изучение истоков представляет интерес для понимания, что произошло и почему, не более; а о человеке нужно судить по его нынешним поступкам и верованиям. Если он ведёт себя, как католик, и верит, что Иисус Христос был сыном Бога, он католик. Точка.

Я клонил к тому, что македонцы в ущерб качеству жизни тратят слишком много времени и сил на изучение собственного происхождения и борьбу за имя. А страна тем временем стремительно американизируется. Молодые люди намного лучше знают американские популярные мелодии, чем собственные народные танцы и песни. Итальянские рестораны и фастфуд вытесняют национальную кухню.

Если македонская культура медленно, но безвозвратно теряется, что означает «быть македонским»? Это — только лейбл.

В газетах и по телевидению это подали под совершенно другим углом зрения: «Должна ли Македония изменить своё название или нет?»

Оглядываясь назад, я думаю, что правительство сознательно использовало меня, чтобы лишний раз проверить отношение населения к проблеме и узнать, как люди относятся к смене названия.

Я не думаю, что Македония сможет долго самостоятельно справляться со все увеличивающимся албанским населением, которое отвергает македонскую культуру и язык. И если Македония не присоединится к НАТО и ЕС, то скоро окажется в ещё более серьёзной опасности и с экономической, и с политической точки зрения. Нынешний финансовый кризис только усилил эти и без того серьёзные проблемы.

Когда я был в Черногории и Македонии, обе страны готовились к выборам. Я посоветовал руководителям обеих стран прекратить играть в обвинения. Деструктивные кампании разрушают страну, а люди, и без того чувствующие неуверенность в условиях кризиса, лишь ещё более утрачивают доверие к политикам.

Во времена кризиса доверие в большом почёте. Страна распадается. Один из немногих способов улучшить ситуацию заключается в том, чтобы начать укреплять доверие, которое люди испытывают к правительству и государственным институтам.

Безропотные мученики России[54]

В 2008 г. я читал лекции в Киеве. Моей аудиторией были 300 руководителей и студентов MBA.

Проектор в зале был установлен очень высоко, из-за чего мне приходилось писать практически над головой. Перед этим я допустил оплошность, неверно сориентировав просветную плёнку в проекторе, из-за чего изображение на экране появлялось повёрнутым на 90 градусов.

Полтора часа спустя, ближе к концу лекции, я наконец заметил свою ошибку. За всё это время ни один человек, включая сидевшего в первом ряду аудитории директора бизнес-школы, не пожаловался! Никто не сказал, что им было неудобно читать мои записи. Они просто молча приняли свою судьбу: терпеть.

Немного позже в Москве я повторил эту «ошибку» в ходе мастер-класса после принятия моей седьмой почётной докторской степени. С тем же результатом: все слушатели крутили головы, но никто даже не попытался поправить меня. Все смирились, невзирая на крайнее неудобство.

Я спросил их: «Почему вы спокойно сидите и терпите? Вы же все заплатили деньги, чтобы меня услышать. Почему никто не отстаивает свои права?»

Тогда я понял, что это наследие социализма. Из страха ли, уважения ли или из-за апатии люди снесут и стерпят всё, что делает власть.

Это также объясняет, почему сервис в экс-коммунистических странах такой дикий. Рынок (то есть потребители, или в данном случае аудитория) полагает, что не имеет никаких прав. Люди принимают то, что получают, и благодарны, если получают что-нибудь вообще.

Это тихое принятие мучений не ограничивается рассеянными лекторами, не обращающими внимания на оборудование.

---

54 Озарения Адизеса. Июнь, 2008 (отрывок).

Я только что закончил консультирование крупной российской компании в Москве. На дорогу до работы большинство людей тратит здесь ежедневно около двух часов. Четыре часа за рулём каждый день. На средней скорости пять миль в час. Мне потребовалось два с половиной часа, чтобы проехать 18 миль от аэропорта до отеля.

Это нормально; бывает намного хуже. Когда Владимир Путин, или Дмитрий Медведев, или какая-то другая важная шишка едет домой, или в офис, или куда-либо ещё, дорожная полиция перекрывает транспортные потоки, чтобы освободить им проезд. Пробки разрастаются до ужасающих размеров. Движение просто останавливается на многие часы.

В России тишина, смирение, понимание бессилия что-либо изменить.

Кто станет терпеть подобное? Но в России тишина, смирение, понимание бессилия что-либо изменить.

Я задался вопросом: как в подобной культурной обстановке преподавать предпринимательство?

Похоже, что для установления настоящей рыночной экономики в бывших соцстранах политической революции должна предшествовать культурная.

Повседневная коррупция

Проблема отнюдь не ограничивается дорожным движением. Люди, занимающие высокие посты — достаточно высокие, чтобы я им доверял, — говорили мне, что коррупция в России полная, и даже не тайная.

Нельзя сказать, что российское государство работает как коррумпированная организация. Коррумпированы отдельные чиновники, но практически все. Вымогает каждый, кто может. Это хуже, чем организованная мафия, где, заплатив один раз, вы можете быть уверены, что решили свою проблему. В России ни в чём нельзя быть уверенным. Вы платите одному чиновнику, завтра на его место приходит другой, и вам приходится платить снова и снова.

Пока цена нефти высока, на коррупцию не обращают внимания: денег хватает на каждого коррумпированного чиновника. Но что случится, когда цена барреля упадёт? Чиновники уменьшат свои аппетиты или же ещё более настойчиво попытаются наложить лапу на активы?

Граждане России о коррупции, конечно, знают. Они знают, что государство разлагается. Посреди комнаты лежит мёртвый зловонный слон — как его можно не заметить? Все об этом говорят, но никто ничего не делает. Никаких голодовок протеста. Никаких палаток перед парламентом. Нет даже кричащих заголовков на первых полосах центральных газет.

Почему? Думаю, это генетическая память. Ведь в течение нескольких поколений авторитарные режимы подавляли любую инициативу в обществе и даже в семьях.

Неполноценные семьи

К «достижениям» коммунистических режимов можно отнести не только появление овцеподобных людей, безропотно принимающих любые указания власти. Я недавно читал о том, что Сталин сделал с семьей как единицей общества. Коммунисты полагали, что единобрачие было простым буржуазным предрассудком и должно быть отменено. Гражданский брак придумали не американцы; во времена Сталина он был нравственно приемлемым и даже поощрялся.

К чему это привело? К подрыву института брака.

Другой способ ослабить семейные узы состоял в том, что детей в школе учили сообщать в правоохранительные органы, если кто-либо в семье выступал против Сталина. Немало родителей отправились на лесоповал из-за того, что дети выполнили эту свою «обязанность».

Коммунисты хорошо знали, что делали. Если институт семьи подорван, а религия отменена, что у вас остаётся? Государство. И коммунистическая пропаганда в это время открыто называла Сталина отцом народов.

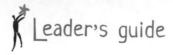

Я помню, как я рос в коммунистической Югославии. Мне промывали мозги, чтобы я в первую очередь ощущал себя сыном Тито.

Согласно коду Адизеса PAEI, менеджеры с административным (А) стилем руководства обязательно должны чувствовать, что всё находится под их контролем. Любые средства при этом хороши, как моральные, так и аморальные. В ход идёт религия, идеология и привязанность. Администраторы используют кнут и пряник, чтобы получить неограниченную власть. Администратор считает, что для достижения цели любые средства хороши, поэтому, если потребуется, он *узаконит* незаконные средства.

Языковые сигналы

Мне кажется, что авторитарная культура закреплена в русском языке. В своей последней поездке, например, я обратил внимание, что синхронист переводит слова solution (ответ на поставленную проблему) и decision (выбранный вариант действий) одним и тем же словом «решение».

Как интересно. Это значит, что для русского любой вариант действий — это решение проблемы. Как будто лицо, ответственное за выбор варианта, не ошибается.

Мы знаем из опыта, что есть плохие решения, которые совсем ничего не решают. Но в русском языке (значит, и в русской культуре) любой выбранный вариант действий есть решение, и больше не о чем говорить.

Другой пример: слово belt (ремень). В английском это связь между областями или объектами, а также пояс, который держит ваши брюки. В русском языке «дать ремня» — подвергнуть телесным наказаниям. Моя интерпретация: чтобы сохранить единство, надо дать ремня.

Неестественная подгонка

Странно, что в русском языке нет точного перевода для слова efficiency, даже при том, что это — *raison d'être*[55] администратора (A), его лозунг и знак квалификации. И вот ещё одно озарение: логично было бы ожидать, что культура России находится под влиянием административного стиля управления, потому что социализм был всецело административно-командной системой. Посмотрите на здания той эпохи. Проезжая по Москве, я легко мог определить, какие здания построены при социализме, и ни разу не ошибся. Все они большие, квадратные, тяжёлые и претенциозные. То же самое верно для архитектуры гитлеровского Берлина, или Италии эпохи фашизма; и вы видели столицу Бразилии, Бразилиа, проект которой был разработан социалистическим архитектором?

Но, с другой стороны, посмотрите на то, как русские ездят. Между прочим, манера вождения много говорит о культуре страны. Русские не знают, что такое полоса. Они постоянно пытаются найти в потоке разрыв, чтобы влезть перед кем-нибудь.

Такая манера езды характерна для израильтян или греков; это типично для предпринимателя (E), производителя (P), но уж никак не для администратора (A). Если вы хотите посмотреть, как должен ездить типичный администратор, отправляйтесь в Англию. Там знают правила и соблюдают их не по принуждению, а из естественной потребности.

Я думаю, что административный стиль, столь очевидный в культуре Советского Союза, не свойственен русским изначально. Русские не стоят мирно в очереди. Они напирают, толкаются и пытаются влезть впереди других, как израильтяне. Административный стиль был навязан России.

У британцев же это часть культуры. Как и у немцев. Мне кажется, коммунизм не имеет культурных корней в России. Скорее, Сталин насильно заставил её принять

---

55 Смысл существования (франц.). — *Прим. перев.*

эту идеологию. Он хотел изменить страну диктаторским способом. Он добивался изменений любой ценой, а предельно жёсткая административная система неукоснительно добивалась исполнения самых жёстоких приказов. Миллионы людей были убиты или сосланы в Сибирь.

Коммунизм отлично подходил руководящему стилю Сталина. Но с таким же успехом ему подошёл бы нацизм. Это вопрос стиля, а не ценностей.

Из этой поездки можно многое извлечь.

Часть 3. Вызовы, стоящие перед Соединёнными Штатами

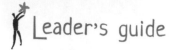

Экспорт рабочих мест: необходимость или благо?[56]

Долгое время рабочие места выводились из Соединённых Штатов в развивающиеся страны, к примеру в Индию, Китай, Мексику. Между тем безработица в США росла, и в том числе по указанной выше причине. И всё же экспорт рабочих мест — это хорошо или плохо? И что мы должны предпринять? Есть несколько вариантов.

Первый вариант. Ввести высокие пошлины на товары и услуги из этих стран, тем самым устраняя экономическую целесообразность экспорта рабочих мест. Это может в краткосрочной перспективе улучшить экономическое положение Соединённых Штатов. Но вопрос остаётся: нужно ли это?

Мы понимаем, что мир всё более и более становится «глобальной деревней». Протекционистская политика мешает естественному продвижению инвестиций. Но, что гораздо важнее, это никак не усиливает наши конкурентные позиции.

> ***Пусть китайцы делают то, что может делать дешёвая рабочая сила, и пусть США делают то, что китайцам не по плечу.***

Мы все знакомы с базовыми экономическими принципами: стратегия должна быть основана на анализе конкурентных преимуществ. Какие преимущества у одной компании или страны есть перед другими компаниями или странами? Определённо, дешёвую рабочую силу к нашим конкурентным преимуществам не отнесёшь, поскольку мы – высокоразвитая страна с высоким уровнем жизни и технологий. Значит, по стоимости рабочей силы мы заведомо не можем конкурировать с тем же Китаем, где инженеры работают за маленькую часть зарплаты американского инженера.

---

[56] Озарения Адизеса. Апрель, 2004.

Протекционизм означает отказ от приоритета правила конкурентных преимуществ. Пусть китайцы делают то, что может делать дешёвая рабочая сила, и пусть США делают то, что китайцам не по плечу.

Кроме того, протекционизм увеличил бы пропасть между богатыми и бедными странами. Если бизнес не будет приходить в развивающиеся страны, у них будет меньше возможностей присоединиться к мировой экономике. Бедность продолжит процветать.

Протекционизм окажет краткосрочный благотворный экономический эффект, но в долгосрочной перспективе перевешивают политические и социальные издержки. Бедность порождает злобу, и в конечном счёте — агрессию.

Построение экономической мощи

На экономическую политику следует смотреть в контексте всех возможных глобальных последствий, включая социальные и политические. Она должна быть обращена в будущее. Нужно принять во внимание конкурентные преимущества Соединённых Штатов и использовать их.

Давайте проанализируем проблему, используя код (PAEI), утверждающий, что при правильной организации менеджмент ориентирован на решение сразу четырёх задач: организацию производства (P), администрирование (A), интеграцию (I) и предпринимательство (E).

Используя эту формулу, легко обнаружить, что конкурентное преимущество США находится не в производственной сфере (P). Производить товары и услуги намного дешевле (а значит, эффективнее) во многих других странах. Конкурентное преимущество американцев лежит в плоскости предпринимательства (E). Эта функция менеджмента находится в центре экономических и финансовых действий, фондового рынка, инноваций, синдикализации фирм и строительства сетевой инфраструктуры.

Сущность предпринимательства подразумевает использование рабочей силы там, где она наиболее дёшева и доступна. Положительный побочный эффект этого — создание рабочих мест в развитых странах и уменьшение бедности. Именно так произошло в Индии, где американские компании размещают много заказов на создание программного обеспечения.

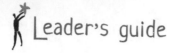

Впрочем, это не даёт нам ответа на вопрос, что же делать с теми, кто остался без работы, поскольку их рабочие места выведены из Соединённых Штатов. Нужен не протекционизм, а более эффективное и результативное образование, в том числе переобучение. Благодаря этому работники смогут занять места в сферах, где у США есть конкурентные преимущества.

Мы должны готовить новые поколения к работе в отраслях, которые не могут передаваться на аутсорсинг за границу; отраслях, где мы лидируем; и отраслях, где у нас острый дефицит кадров (уголовное судопроизводство, социальная работа, образование и т. д.). Соединённые Штаты испытывают недостаток в учителях, молодёжных лидерах и социальных работниках, и именно сюда нужно инвестировать, а не в те сферы, где экономический успех уже угрожает нам разрушением окружающей среды.

Неизбежные затраты

К сожалению, жертвами стремительно происходящих перемен становятся пожилые люди, работающие в умирающих отраслях промышленности. За прогресс платят именно они. Им трудно, а часто невозможно перестроиться.

Когда происходит смена технологий, компании вынуждены платить за техническое перевооружение; то же самое относится и к странам. Государство тоже должно оплачивать издержки переходного периода. Это бремя ложится на наши плечи, но благодаря этому следующее поколение будет лучше подготовлено.

Возьмём в качестве примера Сингапур. Он не захотел становится еще одной развивающейся страной, экономика которой основана на дешёвой низкоквалифицированной рабочей силе. Правительство обложило высокими налогами текстильную промышленность, что исключило возможность появления дешёвых трудовых ресурсов. Вместо этого это были сделаны инвестиции в компьютерные сети, чтобы следующее поколение сингапурцев не шло работать в текстильную промышленность, а изучало информатику, приобрело навыки компьютерной грамотности и нашло работу в индустрии высоких технологий.

Не надо пытаться сохранять отрасли, у которых нет никаких конкурентных преимуществ в постиндустриальную эру.

Аналогичную стратегию должны избрать Соединённые Штаты. Не надо пытаться сохранять отрасли, у которых нет никаких конкурентных преимуществ в постиндустриальную эру. Давайте вкладывать капитал в социальные системы, в которых нуждается современное общество, и в отрасли промышленности, где у нас есть конкурентное преимущество. Давайте двигаться, вместо того чтобы пытаться остановить прогресс, который всё равно остановить невозможно, да и не нужно.

Мы должны решить наши проблемы, используя конкурентные преимущества различных систем, а не только собственные. Пора начинать думать глобально.

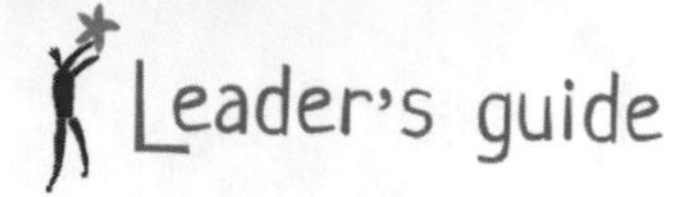

Поздравительный адрес по случаю инаугурации нового президента Америки: советы по изменениям в бизнесе и обществе[57]

Сегодня новый президент Барак Обама приведёт к присяге новое правительство. Американцы, оказавшиеся перед лицом серьёзных социально-экономических трудностей в наступающем году, с нетерпением ждут обещанных изменений.

Вообще, люди хотят изменений, если те не мешают их личным интересам. Но именно это и требуется сделать: изменить наши ценности, что затронет интересы многих людей. Америка нуждается в изменении парадигмы системы ценностей.

Каким образом?

Мы должны отказаться от принципа «больше — значит лучше» в пользу принципа «лучше — значит больше».

Для современной культуры характерно доминирование бизнес-институтов и деловых ценностей, где главный приоритет — прибыль: чем больше прибыли на одну акцию, тем лучше; чем больше компания, тем лучше и т. д.

Соглашусь, если речь идёт об отдельно взятой фирме, то «больше — значит лучше». Но если этим принципом руководствуется целая крупная подсистема общества, совершенно не принимающая во внимание последствия, это разрушает наш мир.

Принцип «больше — значит лучше» чрезвычайно расточителен. Наш уровень жизни растёт, а качество жизни падает. Взгляните на рынок, перенасыщенный потре-

---

[57] Озарения Адизеса. Январь, 2009.

бительскими товарами. У нас слишком много автомобилей; мы тратим на поездки слишком много времени и горючего; и потребляем слишком много калорий, приобретая лишний вес и увеличивая риск диабета.

Изобилие не приносит счастья. За один только день в развивающихся странах я слышу больше смеха, чем за целый год в развитых.

Финансовый кризис был вызван этим культом «больше». Его спровоцировала бесконечная жадность: *больше* кредитов, *больше* прибыли.

Как изменить эту культуру? Мы можем влиять на поведение, поощряя положительные перемены. Например, почему бы не поднять налоги, одновременно предоставив существенные налоговые льготы тем, кто готов жить скромно: в меньших по размеру домах, используя маленькие автомобили и альтернативную энергию?

По существу, мы должны поощрить тех, кто изменяет цели и ценности, и возложить бремя на расточительных потребителей.

Сейчас наша система ориентирована на перераспределение материальных благ: взять от тех, у кого много, и дать тем, у кого мало. Я рекомендую изменить парадигму: брать у тех, кто не хочет меняться, и давать тем, кто измениться готов.

Мы должны изменить систему образования, внедряя тезис «меньше — значит лучше». Прибавьте зарплату учителям, преподающим новую парадигму, и не увеличивайте остальным. Давайте субсидировать частные школы, которые преподают новую парадигму. Помимо прочего, это создаст конкуренцию на образовательном рынке.

Ограничение свободы слова

Я внёс бы изменения в Конституцию, исправив определение свободы слова. Необходимо запретить жёсткий рэп, а также телешоу, где пропагандируется или не осуждается употребление наркотиков, жестокость, насилие и подрывается авторитет власти.

Да, правильно. Я говорю о цензуре. Мне скажут, что каждый свободный человек вправе выбирать, что ему слушать или смотреть. А вы пробовали отучить подростков смотреть, слушать или читать нежелательные вещи, если они повсюду?

Для этого пришлось бы держать тинейджеров взаперти или поселиться с ними в отшельничьем ските. Иногда свобода слова — только фиговый листок для тех, кто развращает нас ради наживы.

Принцип свободы слова был придуман на определённом историческом отрезке и сыграл огромную роль. Тогда это было необходимо. Сейчас мы нуждаемся в его корректировке, поскольку всё слишком сильно изменилось.

Я понимаю, что это скользкий путь; начав цензуру, сможем ли мы в нужный момент остановиться? Но лучше допустить определённые ошибки, поступая правильно в главном, чем ничего не делать в то время, как беспринципные и бесконтрольные СМИ отравляют наших детей и наше общество. Самая страшная ошибка в этих условиях — совсем ничего не делать.

Между прочим, цензура-то давно уже есть. Разве мы не запрещаем детям смотреть определённые фильмы? Педофилия под полным запретом; порнографические фильмы нельзя показывать в лучшее время и т. д. Для противников скользких дорожек: мы уже скользим.

Необходимо только понять, как остановиться, если мы допустим ошибку и заскользим по наклонной.

Я считаю, что, если по делу о наркотиках проходит знаменитость, ей обязательно следует давать реальный тюремный срок, и он должен быть удвоен или даже утроен, если имела место публичная пропаганда запрещённых веществ. Почему? Потому что наши дети находятся под огромным влиянием поп-культуры и берут за образец ценности, провозглашаемые её кумирами, порой фальшивые и ядовитые.

Я обложил бы налогом коммерческое искусство, такое как голливудские фильмы, и субсидировал бы искусство некоммерческое. Да, можно до бесконечности спорить, где первое и где второе. В своей монографии «Managing Performing Arts Organizations»[58] я предложил некоторые основополагающие принципы, которые позволяют их классифицировать.

---

[58] Managing Performing Arts Organizations: Founding Principles in the Management of the Arts» (Santa Barbara, CA: Adizes Institute Publications, 2000; print on demand).

Я построил бы общедоступные спортивные центры, чтобы физически воспитывать наших детей и направлять их энергию в конструктивное русло. Именно так, как было принято в коммунистических странах.

Сегодня в нашем обществе бизнес приносит предпринимателям неприлично большие суммы денег, когда люди, работающие на благо общества, — в искусстве ли, в общественных ли организациях, в лучшем случае сводят концы с концами. Я обложил бы налогом Уолл-стрит и использовал бы эти деньги для субсидирования социально полезных проектов и их лидеров.

Я прекратил бы поддержку всех программ МВА и вместо этого финансировал бы подготовку лидеров некоммерческих организаций.

Государство должно оказывать поддержку производству фильмов, пропагандирующих новую парадигму («лучше — значит больше»), и обложить налогами фильмы, которые продвигают старые ценности.

Я прекратил бы поддержку (за исключением гуманитарной помощи в виде продуктов питания и лекарств) любой страны, правительство которой коррумпировано.

Трёхдневные выходные

И вот самое радикальное предложение изо всех: я бы ввёл обязательные трёхдневные выходные. В один из этих трёх дней, скажем в воскресенье, следует запретить законом любую коммерческую деятельность; пусть это будет настоящий шабат. Никакого шопинга. Пусть у людей появится возможность собраться семьей и, быть может, познакомиться с соседями. Если вам интересно, на что это может быть похоже, посетите Израиль во время праздника Йом Кипур[59]. Вы увидите, что нам это совершенно необходимо, и не раз в год, а чаще.

---

[59] Йом Кипур («День искупления», на русский язык обычно переводится как «Судный день») — в иудаизме самый важный из праздников, день поста, покаяния и отпущения грехов. Отмечается в десятый день месяца тишрей, завершая Десять дней покаяния. Согласно религиозным предписа-

Некоторые люди, скорее всего, заявят, что мои предложения затормозят наш экономический рост.

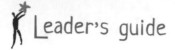

Отнюдь.

Поскольку мы изменяем цели, следует изменить и критерии успеха.

Пора отказаться от подсчёта прибылей и начать измерять успех уровнем преступности, числом случаев подростковых беременностей, процентом успешно заканчивающих среднюю школу, уровнем грамотности, процентом разводов и другими показателями, характеризующими качество нашей жизни, а не только уровень жизни.

Общий знаменатель

Что объединяет все мои предложения?

Мы нуждаемся в ценностях, которые поддерживают и улучшают жизнь, питают нашу окружающую среду, повышают качество жизни и которые объединяют общество, разрушаемое многими факторами (в том числе техническим прогрессом).

Поможет ли изменение парадигмы справиться с финансовым кризисом? «А какая, собственно, связь?» — спросите вы.

Связь есть.

По моему мнению, финансовая катастрофа — проявление бесконечной жадности нашей системы ценностей. Системы, которая мешает нам. Принцип «да здравствует жадность!» был полезен, когда мы строили свою страну, но это в прошлом. Система, сыгравшая в то время свою положительную роль, сегодня разрушает нас.

ниям, в этот день запрещены не только работа (как в субботу и в другие праздники), но и приём пищи, питьё, умывание, наложение косметики, ношение кожаной обуви и половые сношения. В Израиле публичное нарушение Йом Кипура (например, приём пищи, вождение автомобиля или разговор по мобильному телефону) даже среди светских евреев не принято. В этот день дороги пустуют (за редкими исключениями, например машин скорой помощи, полиции и пожарной охраны). Также в Израиле в этот день не работают теле- и радиостанции, общественный транспорт. — *Прим. ред.*

Мы должны измениться. И финансовая система тоже неизбежно изменится вместе с нашими ценностями.

Думаю, некоторые читатели будут потрясены моими предложениями: считается, что в демократическом обществе вмешательство правительства в социальные ценности кощунственно.

> ***Сегодня нам нужен «социальный Мейнард Кейнс» — тот, кто узаконит вмешательство государства для продвижения определённых принципов.***

Но до 1929 г.[60] таким же кощунством считалось вмешательство государства в свободную рыночную экономику. Тогда мы пересекли Рубикон, и Мейнард Кейнс[61] дал этому теоретическое обоснование. Сегодня нам нужен «социальный Мейнард Кейнс» — тот, кто узаконит вмешательство государства для продвижения определённых принципов. Тогда был важен экономический рост. Сегодня нам нужно нормально функционирующее общество. Изменились потребности, должны измениться и инструменты.

---

60 Автор имеет в виду Великую депрессию — рецессию мировой экономики, официальным началом которой считается Биржевой крах в октябре 1929 г. (хотя первые проявления рецессии, такие как сокращение объёмов капитального строительства, проявились ещё в 1926 г.). Для выхода из кризиса в 1933 г. начал осуществляться Новый курс Рузвельта: различные меры, направленные на регулирование экономики. — *Прим. ред.*

61 Джон Мейнард Кейнс (John Maynard Keynes, 1883–1946) — английский экономист, основатель кейнсианского направления в экономической теории. Возникшее под влиянием идей Кейнса экономическое течение впоследствии получило название кейнсианство. Считается одним из основателей макроэкономики как самостоятельной науки. — *Прим. ред.*

Торговцы наркотиками: талант, растраченный впустую[62]

В средней школе я был среди основателей движения *Noar la Noar* («Молодые молодым»). Мы, дети зажиточных благополучных родителей, ставили себе целью помогать бедным подросткам-инвалидам и социально неустроенным тинейджерам городских окраин, растущим в криминальной среде. Лично я опекал юных правонарушителей, сидевших в тюрьме. Они были торговцами наркотиками, мелкими грабителями.

С высоты лет, проведённых за изучением теории лидерства, я могу сказать, что многие из тех молодых преступников обладали фантастическими лидерскими качествами. Они были творческими, харизматическими, рисковыми; они знали, как мобилизовать, как вдохновить.

В тюрьме я работал с детьми, которые смело бросали вызов привычному; они вызывающе вели себя, изобретали идеи, брали на себя ответственность и не боялись рисковать. Это производило впечатление.

Тюрьмы пытаются искоренить лидерские качества среди заключённых. Хороший заключённый должен быть послушным.

Я также работал в летнем лагере для отпрысков благополучных семей. Они были хорошими послушными детьми: следовали инструкциям, не перечили, не шалили и редко что-то придумывали.

К чему я клоню? Мне кажется, что лидерство — особая черта характера, которая обязательно должна выплеснуться наружу, её невозможно скрыть. Если у человека нет законных способов проявить задатки лидера, он найдёт незаконные.

Тюрьмы пытаются искоренить лидерские качества среди заключённых. Хороший заключённый должен быть послушным. Но если лидерство — врожденная черта, его невозможно искоренить. Вместо этого мы должны найти способ направить эту энергию в позитивное русло.

---

[62] Озарения Адизеса. Июль, 2009.

Концепция тюрьмы как исправительного учреждения должна быть пересмотрена. Готов поспорить, что если бы мы придумали, как дать заключённым способ выступить в роли положительных лидеров, приносящих пользу обществу и получающих за это достойное вознаграждение, число рецидивистов серьёзно бы сократилось.

Альтернативный план медицинской реформы[63]

Президент Обама предложил новый план по развитию системы здравоохранения. Недостатки и достоинства этого плана сейчас широко обсуждаются. У меня есть собственное мнение относительно того, какова должна быть программа медицинского страхования.

Можем ли мы уменьшить расходы на здравоохранение, и как это сделать? Чтобы ответить на этот вопрос, надо понять, почему они растут и почему продолжат повышаться даже после принятия плана Обамы. Мой диагноз: врачи и медицинские чиновники ориентированы на прибыль.

Диагноз

Представьте, что вы — президент компании, успех которой измеряется размером прибыли на одну акцию. Вы точно знаете, что, если совет директоров не будет удовлетворён вашими достижениями, вас уволят. Как вы поступите? Думаю, что не ошибусь, если скажу, что вы будете стремиться увеличивать прибыль любыми законными средствами.

---

[63] Озарения Адизеса. Август, 2009.

Затраты вы будете стремиться максимально списать на научные исследования, при этом сводя сами исследования к минимуму, позволяющему назвать их результат новым продуктом (например, заменив в огромной органической молекуле лекарства один атом на другой). С единственным изменённым атомом это не новый препарат, но запатентовать его можно, и это помешает конкурентам развязать ценовую войну.

Врачи тоже ориентированы на прибыль. Они потратили на образование массу времени и денег и хотят, чтобы эти инвестиции приносили доход. Кроме того, поскольку успешность врача оценивается уровнем его заработка, нет ничего удивительного в том, что медики заставляют своих пациентов проводить ненужные исследования и назначают им необязательные повторные осмотры.

Чтобы не быть обвинёнными в ненадлежащем исполнении своих обязанностей, доктора назначают десятки лишних анализов, и всё это в конечном счёте заставляет страховые компании увеличивать сумму страховых премий.

Создаётся впечатление, что система специально создана таким образом, чтобы непрерывно увеличивать затраты.

Сегодня государство через программу «Медикэр»[64] пытается управлять доходами врачей и списком обязательно предоставляемых услуг. Пока это приводит к тому, что лучшие медики отказываются участвовать в программе; частной практикой они могут заработать намного больше.

Доктора, которые продолжают работать в «Медикэр», сталкиваются с государственным вмешательством. Они вынуждены устанавливать намного более низкие, чем в частной практике, тарифы, а взамен писать бесконечные отчёты.

Государственная программа «Медикэр» — административное (A) решение (по коду Адизеса PAEI). Оно приводит к социальной сегрегации и менее качественному медицинскому обслуживанию для тех, кто полагается на государственную

---

[64] «Медикэр» (Medicare) — одна из федеральных программ медицинского страхования для населения старше 65 лет, учреждённая в 1965 г. в США. С 1972 г. программа также обслуживает инвалидов. Медицинское обслуживание в США одно из самых дорогих в мире, и программа «Медикэр» не полностью оплачивает длительное пребывание в больнице, стоматологические услуги, проверку зрения, изготовление очков.

поддержку. Это не решает в целом проблему всё возрастающей стоимости медицинского обслуживания; правительство регулирует рынок в течение многих лет, а цены всё равно растут.

Лечение

Я думаю, что нужно лечить не болезнь, а больного, бороться не с симптомами, а с источником заболевания.

Во-первых, я бы сделал высшее медицинское образование бесплатным (за государственный счёт).

Докторам, получившим такое образование, следует платить фиксированную зарплату, как преподавателям высшей школы. Её размер должен устанавливаться исходя из числа предоставляемых услуг, их качества и числа опубликованных научных работ. Пациенты будут оплачивать каждое обращение за медицинской помощью, но не в карман врачу, а в казну. Эскулап, освобождённый от меркантильных мыслей, будет назначать более адекватное лечение. (Естественно, всякие платежи мимо кассы будут расцениваться как должностное преступление.)

Университетские преподаватели не пекутся о прибыли. Они служат обществу. Точно так же должно быть и с врачами.

Университетские преподаватели не пекутся о прибыли. Они служат обществу. Точно так же должно быть и с врачами.

Все медицинские исследования должны финансироваться правительством. Права на все открытия и изобретения государство будет оставлять за собой, передавая частным фармацевтическим фирмам лицензии на производство и распространение лекарств. Это сократит расходы на лекарственные средства. Сегодня фармацевтические фирмы закладывают огромную норму прибыли в стоимость своей продукции, утверждая, что это требуется для финансирования новых исследований. В соответствии с моим планом их доходы будут поставлены под контроль государства, определяющего, сколько должны стоить лекарства.

Лицензирование будет проводиться через открытые аукционы по голландской системе; лицензию получит та компания, которая предложит самую низкую цену.

Все медицинские журналы должны стать государственными, и из них нужно убрать рекламу. Совсем. Сегодня благополучие медицинской периодики сильно зависит от крупных рекламодателей — фармацевтических фирм, имеющих, таким образом, огромное влияние на издательскую политику.

Ещё один способ, которым пользуются производители лекарств для формирования нужной им повестки дня в медицинских изданиях, заключается в том, что они материально стимулируют некоторых врачей проводить выгодные им научные исследования. Налицо конфликт интересов, потому что исследователь попадает в финансовую зависимость от фармацевтической компании.

Я уверен, что государственное гласное финансирование научных исследований, лицензирование производства и распространения лекарств, а также перевод докторов на фиксированный оклад резко сократит издержки на здравоохранение.

Остаётся решить, что делать с медицинским страхованием. Поскольку страховые компании ориентированы на прибыль, они заинтересованы в сокращении выплат. Не случится ли так, что страховщики перестанут работать со «слишком больными» и заведомо невыгодными клиентами? Нам нужно некоммерческое медицинское страхование, распространяющееся на всех.

В медицине нет места коммерции

Данный предмет чрезвычайно сложен. Не претендуя на всеобъемлющее решение проблемы, я пытаюсь сначала определить её причину, которая, как мне кажется, заключена в коммерциализации медицины. Если не устранить этот корень зла, никакие другие решения работать не будут. Бюрократическая система способна лишь бороться с симптомами и разгонять демонстрации. Но этого мало.

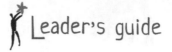

Деструктивное послание Голливуда[65]

Моё детство пришлось на период сразу после Второй мировой войны. Мне запомнились страдания от холода, пронизывающего ветра, замораживающего снега. Недавно я был в Минске, и воспоминания моего детства вернулись. В такую погоду у меня не было ни малейшего желания выходить из гостиницы. Я сидел и смотрел телевизор. И меня посетило озарение.

Когда я уезжал из США в эту поездку, американские газеты пестрели критическими публикациями в адрес заместителя госсекретаря США по публичной дипломатии Карен Хьюз. Её обвиняли в провале попыток создать позитивный образ Соединённых Штатов. Впрочем, авторы публикаций подчеркивали, что и до г-жи Хьюз в этом нелёгком деле никто не преуспел.

Почему же у Америки такой скверный имидж? Из-за некомпетентности исполнителей или по каким-то другим причинам? Согласен, мы вовлечены в непопулярную войну, но только ли в этом дело? Почему к нам так плохо относятся?

Переключая телеканалы в своём номере в Минске, я снова обратил внимание на то, что уже замечал прежде. По меньшей мере 60 процентов того, что показывают за границами США, составляют американские телесериалы и телешоу, дублированные или снабженные титрами, изобилующие сценами разврата, неверности и бесчувственного насилия. Эти программы формируют настроения, направленные против законности, существующего порядка и семьи. Вуди Аллен однажды язвительно заметил, что в Голливуде никогда не выбрасывают мусор: из него делают кино. Я, безусловно, соглашаюсь с ним.

---

[65] Речь на презентации Ассоциации бизнес-школ Восточной и Центральной Европы (CEEMAN) в университете Sabancі, Стамбул, Турция, 27 сентября 2007 г.

И мир покупает эти дрянные фильмы. Они дёшевы. И они понятны людям низкого социально-экономического статуса.

Но это порождает серьёзное культурное столкновение. В Восточной Европе уважают власть. Европейцы гордятся своим наследием, своим флагом, своим национальным костюмом. В Америке, напротив, мы позволяем жечь наш флаг. Наш сериал *«Женаты... с детьми»*[66], который я видел по крайней мере в дюжине стран, не везде воспринимается как пародия. Для иностранцев он похож на реальную жизнь. А как насчёт *«Отчаянных домохозяек»*[67] и *«Секса в большом городе»*[68]? Люди за границей считают, что изображаемые там ценности вполне приемлемы в Америке.

Но не одно только телевидение формирует наш имидж. Посмотрите на наши кинофильмы. Американские политики в них сплошь продажные и/или некомпетентные, мы постоянно изображаем коррупцию в ЦРУ, ФБР и Белом доме. Посредством Голливуда, лучшего в мире механизма для трансляции сообщений, мы посылаем миру определённый имидж Америки, и он не просто малопривлекателен, он может испугать. Вообразите, с какими чувствами люди в других культурах, особенно тех, где мужчина — лидирующая фигура, смотрят «Секс в большом городе».

И у меня появилось новое озарение. Я взглянул со стороны на израильское телевидение и представил, как воспринимают его мусульмане. Главные герои многих телешоу — гомосексуалисты и лесбиянки; женщины подавляют своих

---

[66] «Женаты... с детьми» (Married... with Children) — американский комедийный телесериал. С 1987 по 1997 г. было снято 262 серии. Восемь раз номинировался на премию «Эмми» и семь раз на «Золотой глобус». Сериал демонстрировался в различных странах мира, в том числе и в России. — *Прим. ред.*

[67] «Отчаянные домохозяйки» (Desperate Housewives) — популярная американская телевизионная драма с элементами комедии. Сериал стартовал в США 3 октября 2004 г. Демонстрировался в России. — *Прим. ред.*

[68] «Секс в большом городе» (Sex and the City) — популярный американский сериал, широко транслировавшийся во многих странах мира, в том числе и в России. — *Прим. ред.*

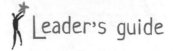

мужей и кричат на них; дети не считаются с родителями. В глазах мусульман Израиль — не только страна, изгнавшая палестинцев, и не только форпост американского империализма. Это ещё и угроза традиционным культурным ценностям. Неужели мы можем рассчитывать, что его с радостью примут таким, как он есть?

Ещё одно замечание. В титрах этих сериалов я замечаю много еврейских имен и задаюсь вопросом, когда бумеранг полетит обратно? Когда скрытые до поры антисемитские силы выйдут из тени и скажут: «Евреи морально калечат наших детей, разрушают наш образ жизни»? Боюсь, это неизбежно.

Вообразите, с какими чувствами люди в других культурах, особенно тех, где мужчина — лидирующая фигура, смотрят «Секс в большом городе».

Подчеркните положительное!

И всё же иногда сквозь всю эту мрачную пелену просачивается что-то позитивное. Я видел, как за границами Штатов людей впечатлила отставка президента Никсона, ушедшего из политики потому, что он солгал и нарушил Конституцию, которую поклялся защищать. «Такое возможно только в Америке», — говорили мне. И когда Эл Гор признал победу Буша на президентских выборах 2000 г. (выборах, вызывавших серьёзные сомнения в точности подсчёта голосов), во всём мире были потрясены тем, как быстро и добросовестно мы выполнили решение Верховного Суда. В других странах в такой ситуации могли бы начаться беспорядки или даже гражданская война.

Через YouTube я наблюдал из своего отеля в Берлине дебаты республиканских кандидатов в президенты и не мог представить такие цивилизованные дебаты нигде больше в мире. Только что эти люди ожесточённо нападали друг на друга, а после обменялись рукопожатием. Вы не увидите такое ни в Израиле, ни в Мексике, ни в Греции или Италии. Американцы знают, как выразить несогласие, никого не унижая. Почему мы не продвигаем то, чему у нас можно поучиться: нашу демократическую культуру?

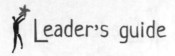

Идёт культурная война, и в ней, по моему мнению, огромный ущерб наносят Америке наши же собственные телесериалы и кинофильмы.

Часть 4.
Вызовы глобального финансового кризиса

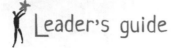

Мой взгляд на финансовый кризис (часть I)[69]

Как и другие люди, я слушаю новости. Решительно все — комментаторы, аналитики, газетные обозреватели, власти — ищут виновных: кто ответит за крах финансовых учреждений?

Некоторые упрекают руководство банков в жадности. Другие обвиняют государственных чиновников, проспавших угрозу. Третьи указывают пальцем в направлении Федерального резервного банка, который должен был лучше владеть ситуацией и т. д.

Мне кажется, не так важно, кто в чём виноват. Нам надо проанализировать, как случилось то, что случилось. Нужно выявить системную ошибку, приведшую к хаосу.

Двадцать пять лет назад, когда я консультировал ряд ведущих банков, некоторые их высшие руководители конфиденциально признавались мне: «Если честно, доктор Адизес, мы больше не понимаем, что происходит». Они имели в виду, что макроэкономическая теория не смогла адаптироваться к существованию и осмыслить роль в экономике мусорных облигаций[70], деривативов[71], денежных

[69] Озарения Адизеса. Октябрь, 2008.

[70] «Мусорные» (бросовые) облигации (junk bonds) — высокодоходные облигации с кредитным рейтингом ниже инвестиционного уровня (ВВ или ниже); обычно выпускаются компаниями, не имеющими длительной истории и солидной деловой репутации. Часто используются при проведении слияний и поглощений, предлагаются акционерам вместо наличных денег. — *Прим. ред.*

[71] Деривативы (derivatives) — производные финансовые инструменты — фьючерсы, форварды, опционы, свопы, используемые в сделках, не связанных напрямую с куплей-продажей материальных или финансовых активов. Получили широкое распространение в конце XX в. Используются для страхования рисков (хеджирования) и извлечения дополнительной, спекулятивной прибыли. — *Прим. ред.*

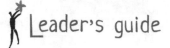

эквивалентов[72], обратных свопов акций[73] и бог знает каких ещё новых финансовых инструментов.

Например, некоторые опытные экономисты говорили мне, что при определении денежной массы на рынке система не принимала во внимание денежные эквиваленты.

Другими словами, действительность опередила теорию. Экономисты и контролирующие органы оставались в неведении о реально происходящих процессах.

Так почему же об этом никто не говорил? Потому что власти боялись показать свою неспособность контролировать ситуацию. «Эксперты» не могли во всеуслышание заявить, что король голый.

Несколько лет назад я взял в тюрьме интервью у короля «мусорных» облигаций Майкла Милкена[74]. «Когда вы узнали, что ваши дела плохи?» — спросил я его.

«Задолго до начала судебного процесса, — ответил Милкен. — Миллионы мусорных облигаций не на шутку перепугали правительство. Они с ужасом представляли себе, что будет, если по этим бумагам вдруг объявят дефолт. Государство должно было остановить меня так или иначе, и оно это сделало».

---

72 Денежные эквиваленты (cash equivalents) — инвестиционные краткосрочные ценные бумаги, имеющие как высокую кредитоспособность, так и высокую ликвидность. — *Прим. ред.*

73 Своп процентных ставок, построенный таким образом, чтобы завершиться участием противоположной стороны в другом свопе процентных ставок, компенсирующем первоначальный своп по срокам исполнения, курсу и условной основной сумме кредитного обязательства (которая реально не участвует в обмене). — *Прим. ред.*

74 Майкл Роберт Милкен (Michael Robert Milken, род. 1946) — американский финансист и филантроп, известный как «основатель рынка мусорных облигаций». В ноябре 1990 г. за финансовые махинации приговорен к 10 годам тюремного заключения и штрафу в размере 600 млн долл. Освобождён досрочно через 22 месяца после подписания отказа от любой деятельности с ценными бумагами. В 2010 году американский журнал «Forbes» оценил состояние Майкла Милкена в 2 млрд долл. — *Прим. ред.*

В конце концов нас погубили не мусорные облигации. Это сделали субстандартные ипотеки[75]. Но у них есть общая черта: изменившийся рынок опередил возможности существующей системы управлять им.

Возьмите, к примеру, банки. Сначала банки выдавали ипотечные кредиты, получая в качестве залога недвижимость; под это обеспечение выпускались ценные бумаги, которые продавались на рынке. Фактически это была продажа рисков в виде секьюритизированных[76] бумаг, увеличивавшая их доходность. Затем эти бумаги перепродавались на вторичном рынке. Риск передавался всё дальше и дальше. Покупатели этих бумаг страховались от дефолта по ним, а страховщики перестраховывались. Все участники процесса анализировали стоимость и эффективность этих действий, стремясь извлечь прибыль, и брали на себя, как им казалось, оправданные риски.

Но оценка риска — дело субъективное, и чем далее уходил риск от своего источника, тем более неопределённым становился. Всё труднее и труднее разобраться, где же настоящий риск. Все надеялись, что в случае чего крайним окажется кто-то другой или же вообще ничего не случится, экономика будет расти бесконечно и никаких дефолтов не будет в принципе.

Кроме того, поскольку ипотечные кредиты рассматривались как портфель, трудно было оценить, сколько эти финансовые инструменты фактически стоили. Как их провести по бухгалтерии? Это не 2+2 = 4. Даже цена сделки не говорит нам ничего об истинной цене: она отражает лишь относительную силу ведущих переговоры сторон. А истинную цену можно узнать, лишь когда ипотечные кредиты выплачены.

---

75 Субстандартная ипотека (Subprime Mortgage) – тип ипотеки, которая выдаётся заёмщикам с низким кредитным рейтингом. Кредитные учреждения начисляют проценты по субстандартным ипотекам по более высокой ставке по сравнению со стандартной ипотекой, чтобы компенсировать больший уровень риска. — *Прим. ред.*

76 Секьюритизация (от англ. securities — «ценные бумаги») — финансовый термин, означающий одну из форм привлечения финансирования путём выпуска ценных бумаг, обеспеченных активами, генерирующими стабильные денежные потоки (например, портфель ипотечных кредитов, автокредитов, лизинговые активы, коммерческая недвижимость и т. д.). — *Прим. ред.*

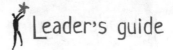

Когда выплаты по ипотечным кредитам внезапно прекратились, риски зашкалили, а ценность производных финансовых инструментов упала, и, наконец, весь ад вырвался на свободу.

Расплата за жадность

Это не должно было стать сюрпризом. Несколько лет назад известный экономист Массачусетского технологического института профессор Чарльз Киндлбергер[77] предупредил мир, что пузырь на рынке недвижимости неизбежно лопнет. Но жадность и отдельных индивидуумов, и целого класса людей оказалась сильнее, чем страх перед вероятной катастрофой. Ведь все участники процесса анализировали стоимость и эффективность своих действий и рисковали только разумно: и те, кто брал ипотеку, не имея возможности расплатиться по ней, и банки, которые секьюритизировали ипотечные портфели, и покупатели производных ценных бумаг…

> ***Жадность как отдельных индивидуумов, так и целого класса людей оказалась сильнее, чем страх перед вероятной катастрофой.***

Капитализм поощряет жадность, даже узаконивает её. В Америке особенно. Погоня за прибылью не просто в порядке вещей, она приветствуется и поощряется. Отказаться нельзя: тут же последует расплата. Банкира, повинного в том, что он не стал выдавать субстандартные ипотечные кредиты, из-за чего прибыли его банка оказались ниже, чем у конкурентов, тут же уволят.

---

77 Чарльз Киндлбергер (Charles P. Kindleberger; 1910–2003) — американский экономист, специалист в области истории экономики. Получил докторскую степень в 1937 г. в Колумбийском университете. С 1948 по 1981 г. преподавал в Массачусетском технологическом институте. Лауреат премий Б. Хармса (1978) и А. Смита (1983). Президент Американской экономической ассоциации (1985) — *Прим. ред.*

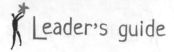

На Балканах есть народное выражение: «Когда вы присоединяетесь к *коло*[78], нужно танцевать». Все были в танце погони за наживой и действовали соответственно.

Но где были контролирующие органы? Почему они ничего не делали?

А что они должны были делать? По балансам проблему нельзя было обнаружить, ведь оценка стоимости залогов и всех производных финансовых инструментов субъективна и неточна по определению. Контролирующие органы просто не знали, что происходило на самом деле. А даже если бы и знали, у них не было инструментов, чтобы остановить надвигающийся коллапс.

Кто виноват? Все. Значит, никто.

Должны произойти бедствия, подобные нынешнему кризису, чтобы мы могли осознать изменения и понять, как к ним адаптироваться.

Пора перестать искать виновных. Вместо этого надо быстро и аккуратно отремонтировать систему.

Мой взгляд на финансовый кризис (часть II)[79]

Первое моё озарение о причинах финансового кризиса вызвало больший отклик читателей, чем любое другое из более чем 60, написанных и опубликованных мною за прошедшие пять лет. И почти каждый спросил меня, что, по моему мнению, следует сделать.

У меня нет решения, да и не может здесь быть единственно правильного решения. Природа этого кризиса настолько сложна, что с ним нельзя справиться единым махом: произведя какие-либо изменения, надо внимательно следить за результа-

---

[78] Широко распространённый у южных славян народный хороводный танец. — *Прим. перев.*

[79] Озарения Адизеса. Октябрь, 2008.

том и корректировать его в нужном направлении. Менеджеры назовут это системой постоянного совершенствования.

Но почему нет простого решения?

Потому, что проблема новая и системная; ждать, что найдётся «волшебная пуля», которая всё изменит, нет оснований. Даже в медицине, которой люди занимаются намного дольше, чем экономикой, в сложных случаях доктор предписывает повторное обследование после курса лечения; пока вы не выздоровеете, невозможно сказать, эффективна ли выбранная тактика борьбы с болезнью.

Какой должна быть система постоянного совершенствования? Чтобы объяснить это, я буду использовать инструменты Методологии Адизеса.

Тех читателей, которые не владеют этой методологией, отсылаю к своей книге *«Управление жизненным циклом корпорации»*[80] или по крайней мере к главе «Жизненные циклы» из моей более ранней книги *«Как преодолеть кризисы менеджмента»*[81].

А как это выглядит в исторической перспективе?

Великая Депрессия родила Новый курс.

На какой стадии жизненного цикла были тогда Соединённые Штаты? До 1929 г. это был быстрый рост («давай-давай»), пока неконтролируемый рынок не рухнул (что предсказуемо для стадии быстрого роста). Система нуждалась в сильных администраторах (А).

Экономическая теория Мейнарда Кейнса дала нам теоретическое обоснование усиления роли государства и инструменты для регулирования рынка. Родился Новый курс, и правительство начало нести ответственность вместе с «невидимой рукой» рыночных сил.

Вооружившись новой экономической теорией и практикой, Соединённые Штаты смогли успешно завершить стадию становления и в начале 1950-х достигли расцвета.

---

80 *Адизес И.К.* Управление жизненным циклом корпорации. — Питер, 2008 г.

81 *Адизес И.К.* Как преодолеть кризисы менеджмента. Диагностика и решение управленческих проблем. — Стокгольмская школа экономики в Санкт-Петербурге, 2007 г.

Сейчас, в моем понимании, страна переходит в стадию старения.

К расцвету нас привело то же самое, что сейчас вызывает дряхление: (А) роль правительства. Регулирующая функция государства была необходима, но по прошествии времени стала слишком большой и слишком навязчивой, что вообще типично для администраторов (А).

Предприниматели приходят и уходят. Бюрократы множатся.

На иврите есть выражение: «Друзья приходят и уходят. Враги множатся». Применительно к данному случаю я сказал бы: «Предприниматели приходят и уходят. Бюрократы множатся».

Увеличение роли государства («вашингтонской бюрократии») в экономике, позволившее когда-то вывести страну из кризиса перепроизводства, сегодня заставляет её стареть. Однажды спасший нас Новый курс, став основой государственной политики, перестал играть позитивную роль.

Никаких сдержек и противовесов

Всё отчётливее проявляющиеся симптомы старения объясняют, почему оба кандидата в президенты поддерживают идеологию «перемен»: система в них нуждается.

Но какими должны быть эти перемены?

Причины, вызвавшие кризис 1929 г., те же, которые привели к нынешнему финансовому кризису. И тогда, и теперь они имеют системный характер.

В первом случае избытки складских запасов в рамках отдельно взятой фирмы могли расцениваться как допустимый управляемый риск. Но в масштабах целой экономики это было бедствие.

Сегодня мы тоже имеем дело с системной проблемой. Люди, взявшие кредит, управляли своими рисками, но когда кредитные портфели были коллатерализованы и консолидированы для страхования, масштабы проблемы изменились.

В обоих случаях не было никаких системных сдержек и противовесов.

Системное решение 1929 г. состояло в усилении государственного администрирования экономики. Но сейчас то же самое лекарство приведёт к катастрофическим последствиям, потому что мы находимся в совершенно другой стадии жизненного цикла.

Увеличение дозы — больше регулирования, больше вмешательства не поможет. Усиление вмешательства правительства в экономику лишь ускорит наше сползание к стадии старения; это забюрократизирует систему ещё больше. Мы задушим рынок.

Спасение государством проблемных банков — тоже не решение. Эта мера просто консервирует проблему на какое-то время, и всё.

Где же тогда решение?

Исходя из теории Пауля Вацлавика[82], нужны изменения второго и третьего порядка, но не первого[83].

Нужна новая модель, новая концептуальная основа, почти новая идеология.

Изменения первого порядка касаются того, *что мы делаем* (в данном случае — государство). Изменения второго порядка относятся не к тому, *что* мы делаем, а к тому, *как мы это делаем:* они изменяют систему. Изменения третьего порядка, самые глубокие и трудные, касаются нашей системы ценностей: *кого или что мы поддерживаем.*

Другими словами старая модель не работает. И в ней уже бесполезно что-то подкрашивать, подклеивать. Нужна новая модель, новая концептуальная основа — почти новая идеология.

Решение лежит в плоскости предпринимательства и интеграции — (E) и (I), если мы хотим избежать проблем, связанных со стадией угасания.

---

[82] Пауль Вацлавик (Paul Watzlawick) (1921–2007) — американский психотерапевт и психолог. Применил системный подход в теории межличностных коммуникаций. Один из основателей радикального конструктивизма. — *Прим. ред.*

[83] Подробнее см. Change: Principles of Problem Formation and Problem Resolution, by Paul Watzlawick, John Weakland, and Richard Fisch (New York: W.W. Norton and Co., 1974).

Решение (EI) должно быть системным и органическим; необходимо проанализировать работу системы и связи, существующие между её элементами.

Мы должны отказаться от вектора, заданного Новым курсом, пойдя принципиально другим путём. Нам нужен новый Кейнс, который создаст новую экономическую теорию, способную определить роль государства в современной экономике.

Тут мало поменять дозировку лекарства. Нам нужен принципиально другой метод лечения. Работу системы придётся выстраивать заново.

Стили кандидатов в президенты

Изложенное выше заставляет нас сравнить кандидатов в президенты, на плечи одного из которых падет вся тяжесть перестройки системы.

Я работал с лётчиками-истребителями. Я консультировал израильские Военно-воздушные силы и реорганизовывал главный испытательный полигон американской морской авиации. Хороший лётчик реактивной авиации должен сочетать качества сильного производителя и предпринимателя (PE). Он должен быстро думать и принимать решения. Быть креативным и гибким и стрелять первым.

Это — Джон Маккейн. Его ценности безупречны. Его вера в нашу страну исключительна. Его намерения благородны и его целостность вне сомнения. И у него есть опыт и репутация человека, пекущегося о благе своей родины.

Это всё хорошо и здорово, но... он лётчик-истребитель. Он принимает решения на лету. Он мгновенно реагирует, быстро думает, нетерпелив, очень гибок и быстро жмёт на гашетку. Если он придёт к власти, то будет быстро принимать решения, но последовательности от него трудно ожидать.

Доказательства? Посмотрите, как он выбрал кандидата на пост вице-президента[84].

---

[84] 29 августа 2008 года Джон Маккейн, кандидат от республиканцев на президентских выборах 2008 года, объявил кандидатом в вице-президенты США Сару Луизу Хит Пэйлин (Sarah Louise Heath Palin, 1964) — губернатора штата Аляска с 2006 по 2009 г. — *Прим. ред.*

Другой пример. Он попытался отменить первые дебаты кандидатов в президенты из-за финансового кризиса и полетел в Вашингтон, словно это было необходимо для спасения экономики; тут же передумал и решил всё-таки идти на дебаты. И всё в течение нескольких дней. Он несколько раз полностью изменил состав своей избирательной команды. Лётчики-истребители не консультируются перед принятием решений: в кабине самолета нет советников, а на то, чтобы сделать выбор, отведены секунды.

Короче говоря, Маккейн — не системный мыслитель. От него можно ожидать активных действий, но, принимая во внимание сложность системы, подобный стиль управления может нанести ущерб.

Если стиль Маккейна (PE), то стиль Барака Обамы я бы назвал (EI): сильный предприниматель и интегратор.

Он креативен, но умеет слушать других. Он хорошо разбирается в людях: в его предвыборном штабе не было серьёзных перестановок, и эта команда постоянно принимала верные решения.

У него нет опыта, верно. Но лидер, способный слушать и делать правильные выводы, может компенсировать этот недостаток, подбирая компетентных советников.

Как я часто говорю на моих лекциях, лидером человека делает не то, что он знает, а кто он.

Соединённые Штаты находятся в такой стадии жизненного цикла, где необходима стратегическая перестройка системы. Нам нужен новый Франклин Рузвельт: харизматичный, способный вселить в нас надежду и восстановить утраченное доверие; тот, кто может слушать и думать вместе с другими, учиться и учить в одно и то же время.

Меньше действия, больше мысли — вот что нам нужно.

Я не могу предсказать, будет ли Обама в случае избрания чувствовать глубину необходимых системных изменений и окажется ли он достаточно смел и последователен, чтобы произвести эти изменения. И достаточно ли у него силы характера, чтобы продолжать менять и улучшать систему, не придерживаясь доктрин, а руководствуясь требованиями момента.

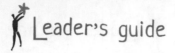

Мы нуждаемся в свежих, новых, системных взглядах. Нам нужен лидер, который может сделать это.

И это платформа, предпосылка для искомого решения.

Что вызвало кредитный кризис и где выход из него?[85]

17 июня 2009 г. президент Барак Обама объявил о новых мерах по регулированию экономики в условиях финансового кризиса. Суть их остаётся той же, что и прежде: наводнить рынок правительственными деньгами.

Большинство экономистов расценили предпринимаемые ранее меры как чрезвычайные, но необходимые. Однако этим деньгам потребуется приблизительно два года, чтобы пробиться через каналы и достичь потребителей, вернув, таким образом, чувство уверенности рынку. Но, пока этого не произошло, велик риск попасть в петлю отрицательной обратной связи: потребители сокращают расходы, снижая спрос; предприниматели реагируют на снижение спроса сокращением издержек, в том числе заработной платы сотрудников; это увеличивает страхи людей, они тратят ещё меньше, и, таким образом, цикл замыкается.

Как долго продлится рецессия? Чтобы ответить на этот вопрос, нужно понять, что такое финансовый кризис: собственно проблема или её внешний признак? Я думаю, что второе.

Чтобы понять, способны ли предпринимаемые Обамой меры и горы вбрасываемых в экономику денег решить проблему, надо определить, в чём же она заключается.

---

[85] Озарения Адизеса. Июнь, 2009.

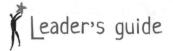

Действительно ли это крах ипотечного рынка? Фондового рынка? Невероятная сумма долгов, в которых погрязли все — от крупнейших банков до домовладельцев и студентов? Безработица? Внезапное ужесточение условий кредита? Почти полная невозможность создания накоплений?

Что привело к катастрофе? Ошибка банкиров? Трейдеров? Субстандартные кредиты? Корпоративное лобби, оказывающее давление на правительство? Неспособность правительства исполнять роль регулятора рынка?

Может быть, всему виной жадность? Или неспособность человека предвидеть очевидные потенциальные последствия опасных действий?

По моему мнению, все вышеперечисленное — лишь внешнее проявление намного более глубокой проблемы. Реальная причина финансового кризиса состоит в том, что классическая модель смешанного рынка (свободный рынок, регулируемый правительством), система рынков капитала и бизнес-модель управления компаниями больше не работают. Они не отражают факты нового, сложного мира, в котором мы живём.

Говоря без обиняков, кризисов, подобных нынешнему, капиталистическая система не видела со времен Великой Депрессии. Система отчаянно нуждается в перестройке, схожей с проведённой в 1930-х гг.

Но мы не можем просто повторить решения Франклина Рузвельта: они не будут работать. Не нужно усиливать или ослаблять государственное регулирование экономики: это не вопрос количества. Необходима принципиально новая модель.

Смертные муки капитализма?

В своих книгах и лекциях я последовательно выражаю ту точку зрения, что источник проблем — разрыв связей, вызванный изменениями.

Говоря о финансовом кризисе, мы в первую очередь должны понять, что же изменилось? Что привело к дезинтеграции?

Вот моё мнение.

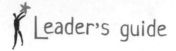

Основополагающий принцип капиталистической системы сводится к тому, что капитал создаёт стоимость и возвращает инвестору средства с прибылью. Человек, вкладывающий средства, не обязан работать сам; он рискует деньгами, и деньги работают на него. За этот риск он получает прибыль.

Логично предположить, что инвесторы должны иметь возможность влиять на управление компанией, в которую вложили капитал.

На ранних стадиях капитализма, когда владельцы были и менеджерами своих предприятий, всё именно так и было. На стадии продвинутого капитализма фондовый рынок отделил собственников от менеджмента.

В развитом капитализме значительная часть компаний представляет собой акционерные общества, акции которых продаются на фондовом рынке. Держатели акций — номинальные владельцы компании — не имеют над ней фактического контроля и при этом вообще смутно себе её представляют. Они покупают акции, потому что рассчитывают в будущем перепродать их по более высокой цене. В поиске наилучшего варианта вложения средств они часто меняют объект вложения капитала.

Появление фондового рынка отделило собственников от управления компанией.

А как же совет директоров? Разве он не представляет интересы акционеров? Разве не собственники продолжают управлять компанией и, таким образом, инвестициями через её правление?

Действительно, такой орган, как совет директоров, был придуман именно для того, чтобы обеспечить акционерам возможность влиять на процесс управления компанией. Но на практике это не работает. Хотя и должно. Кандидатуры в члены правления в большинстве случаев подбираются менеджментом и представляются акционерам для голосования, которые (за исключением ситуаций, когда ведётся борьба за контроль над компанией) тут же их утверждают.

Моё видение проблемы, скорее, эмпирическое, а не научное; тем не менее я считаю, что именно менеджмент руководит советом директоров, а не наоборот. Менеджмент выбирает повестку дня правления и готовит информацию к заседанию.

А как насчёт случаев, когда в правлении есть представители мажоритарных акционеров, или даже они сами в него входят? Могут они непосредственно руководить бизнесом?

Нет, не думаю. Современный бизнес требует повседневного контроля, а не ежемесячных заседаний. Чаще всего внешние члены правления очень поверхностно знают, что происходит в компании, а при принятии решений полагаются главным образом на мнение менеджмента. Максимум, что может сделать правление, — рассмотреть финансовые отчёты компании, изучить рекомендации топ-менеджеров и послужить рупором для оглашения их решений.

Кто управляет принятием решений?

Реально совет директоров занимается тем, чем он *в состоянии* управлять: изучает представленные факты и корректирует бюджеты, а через них — прибыль на одну акцию. Акционеров, менеджеров и членов правления объединяет в рамках существующей системы единственный общий интерес: рост стоимости акций. Когда курс акций растёт, акционеры счастливы, потому что сделали верную ставку. Совет директоров счастлив, потому что удовлетворил желание акционеров, а ещё потому, что заработал компенсацию (обычно в виде фондовых опционов). Наконец, менеджмент счастлив, потому что правление не требует лучших результатов, а хвалит его, да и бонусы и рост стоимости принадлежащих им лично пакетов акций этому тоже весьма способствуют.

Школы MBA, деловая пресса и даже академическая литература легитимизируют эту общность интересов. Это их мантра: «Основная цель управления — рост капитализации компании, то есть стоимости её акций».

Но от кого в этой системе зависит, какие решения принимает компания (её менеджмент)?

Не от акционеров. И не от совета директоров. Тогда от кого? От... величины прибыли на одну акцию. Чтобы в управление компанией вмешался совет директоров и заменил менеджеров, цена акций должна уменьшиться резко и угрожающе, свидетельствуя о явном кризисе.

А что удивительного в том, что акционерные общества в первую очередь озабочены прибылью на одну акцию и считают её максимизацию главной задачей управления? Скорее было бы странно, если бы финансовые учреждения в целях увеличения прибыльности не шли на такие рискованные операции, как предоставление субстандартных ипотечных займов: неплатёж по ним, если и случится, то в далёком будущем, и в любом случае этот риск передаётся покупателям секьюритизированных ценных бумаг, а получение или неполучение дополнительной прибыли должно произойти непосредственно сейчас. Если банкир не пойдёт на этот риск, он поставит себя в худшие условия по сравнению с конкурентами, ведь прибыльность акций будет ниже, а это приведёт к тому, что совет директоров будет недоволен, если не хуже.

Я считаю, что проблема заключается в отчуждении собственников от управления компанией. Те, кто делают инвестиции и рискуют, больше не управляют принятием решений. И у работников, рискующих потерей основного дохода в случае принятия неправильных решений, тоже нет возможности влиять на них. Лишь менеджмент, принимающий эти решения, ничем не рискует: со своими «золотыми парашютами» и выходным пособием менеджеры не останутся внакладе, даже если их выгонят с работы.

Ещё раз повторю свой вывод: проблема заключается в том, что те, кто рискуют, не влияют на принятие решений, а те, кто принимает решения, ничем не рискуют.

Во всём виновата алчность?

Многие считают, что причиной кризиса стала алчность. Мне так не кажется. Алчность — мотивирующий фактор, она подстёгивает людей, заставляя их упорно трудиться.

Проблема — жадность *при отсутствии сдерживающих факторов*. Жадные менеджеры рисковали, но не отвечали за последствия (более того, они бессовестно выписывали себе огромные премии как раз тогда, когда их компании банкротились). А владельцы, которым полагалось управлять рисками, оказались не в состоянии это делать и дорого за это заплатили.

Но так было не всегда.

Во времена, когда менеджер одновременно был и владельцем компании, всё выглядело иначе. Настоящий хозяин строил что-то для своих потомков. Табличка с его фамилией была прибита на двери. Он гордился своими достижениями. Фирмы были намного меньше, и бизнесмен знал каждую деталь. Он поддерживал отношения с местной общиной, жители которой работали на его предприятии. Если компания преуспевала, сообщество гордилось ею, а если нет, то владельцу было стыдно. Увольнение рабочего было равносильно расставанию с членом семьи. Человек судил о своих достижениях по отношению общины: им могли гордиться, а могли и презирать.

Если бы нынешними банками управляли владельцы, реально знающие людей, которым они предоставляют услуги, был бы возможен нынешний кризис? Пошли бы они на неоправданный риск? Но... на дворе эпоха транснациональных компаний. Их клиенты — простая статистика в маркетинговом отчёте, а работники — лишь цифры в сводном балансе, показывающие объём продаж и издержки на одного служащего.

Гордость и стыд больше никого не мотивируют. Их место занял идол: сегодня поклоняются прибыльности акций.

Гордость и стыд больше никого не мотивируют. Их место занял идол: сегодня поклоняются прибыльности акций.

Систему нужно проектировать заново. Нам следует решить, кто должен управлять крупными корпорациями в реальности, а не на бумаге. Сразу скажу, что я не призываю и даже вообразить себе не могу, что мы ограничим размеры или географическое присутствие компаний. Невозможно и ввести повсеместное управление владельцами. Смешно. Историю не повернуть вспять.

Так как быть?

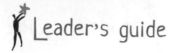

Поможет ли вмешательство государства?

Один ответ очевиден: государственное вмешательство. Например, правительство выкупает акции компаний, которые пытается спасти. И что это за компании? Огромные фирмы, крах которых может подорвать целую экономику.

Будут ли лучше управлять этими компаниями, если правительство войдет в число собственников? Действительно ли мы полагаем, что государственное участие заставит предпринимателей тщательнее взвешивать риски?

Президент Обама ясно дал понять, что правительство не будет вмешиваться в управление этими компаниями. Таким образом, государство станет в ряд других «отсутствующих» собственников. Ну включит оно в совет директоров несколько новых фигур. А с чего вы взяли, что эти члены правления будут лучше, чем предложенные акционерами?

Кроме того, предложенное решение не меняет парадигму. Если вы согласны с моим анализом, то видите, что проблема всё та же: мы пытаемся сформировать правление, которое будет представлять интересы собственников и контролировать менеджмент. В прошлый раз эта схема кризис предотвратить не смогла. Почему кто-то верит, что в будущем она сработает лучше?

Будет ли новый кризис? Да. Думаю, да. В конце концов они бывали и раньше. Помните ссудо-сберегательный кризис?[86]

---

[86] Ссудо-сберегательный кризис (конец 1970-х – начало 1990-х) — один из самых больших финансовых скандалов в американской истории. Из-за высокой волатильности процентных ставок в 70-х г. большое количество вкладчиков забрали свои средства из ссудо-сберегательных учреждений и поместили их в фонды денежного рынка, где они могли получить более высокие процентные ставки. У ссудо-сберегательных учреждений (S&Ls), которые большинство доходов получали от низкопроцентных ипотек, не было возможности предлагать более высокие процентные ставки, и они стали участвовать в более рискованной деятельности, включая предоставление в аренду коммерческой недвижимости и инвестиции в «мусорные» облигации. Депозиты в ссудо-сберегательных учреждениях были застрахованы Федеральной корпорацией страхования сбережений и ссуд (FSLIC). Взаимосвязь всех этих факторов вкупе с коррупцией привела к неплатежеспособности FSLIC. В результате правительство США потратило 124 миллиарда долларов налогоплательщиков и ликвидировало 747 неплатежеспособных S&Ls. — *Прим. ред.*

Позвольте повториться: система неисправна, её надо выстраивать заново. И я не имею в виду финансовую систему. Я имею в виду капитализм. Он создавался не для такого сложного и глобально взаимозависимого мира, в котором мы живём сегодня. И стоит ли удивляться, что эта сложнейшая система идёт вразнос, когда каждый из составляющих её компонентов стремится максимально удовлетворить только собственные интересы?

Президент Обама, как мы услышали сегодня, видит решение в усилении государственного регулирования.

Хорош ли этот вариант? Усилил ли закон Сарбейнса-Оксли[87] ответственность менеджеров и улучшил ли качество принимаемых решений? Или только умножил количество бумажной работы и сильнее забюрократизировал бизнес?

Больше регулирования — больше того же самого. Никаких изменений в парадигме.

Хватит увеличивать дозу лекарства, которое не работает. Нам нужно другое лечение. Систему пора проектировать заново.

Кто должен управлять компанией?

Таким образом, мы опять вернулись к вопросу: кто должен управлять менеджментом?

Кто, по-вашему, лучше всех знает, как на самом деле обстоят дела в компании? Группа мудрых пожилых мужчин и женщин, раз в месяц отводящих этому вопросу несколько часов своего времени? Или, может быть, правительство? Разве решают проблему отделения полномочий от ответственности (когда те, кто рискуют, не принимают решений, а те, кто принимают решения, ничем не рискуют) новые законы или чиновники, введённые государством в советы директоров компаний?

---

[87] 30 июля 2002 г. Президент Буш подписал Закон Сарбейнса—Оксли (Sarbanes-Oxley Act), внёсший существенные изменения в федеральное законодательство США по ценным бумагам. Закон значительно ужесточает требования к финансовой отчётности и процессу её подготовки. — *Прим. ред.*

Нет.

Но ведь именно в этом суть проблемы!

Дальше. Кто рискует потерять рабочие места, если дела компании идут плохо? Кто (помимо акционеров) больше всего волнуется о её благосостоянии?

Это работники. Они берут на себя риски. И они должны участвовать в управлении компанией.

Именно так работают многие профессиональные гильдии и союзы консультантов, юристов, бухгалтеров. После этого кризиса многие обменяют свои компенсационные пакеты на долю в собственности компании. Другими словами, мы уже скоро увидим, как это будет.

Но достаточно ли представителям персонала войти в совет директоров? В Германии представители профсоюза в обязательном порядке включены в состав правления; работает ли это? Плохо работает, если профсоюз представляют освобождённые лидеры, никогда не встающие к станку. Если это профессиональные профсоюзные руководители, то всё, что они действительно умеют делать, торговаться с хозяевами.

Новая индустриальная демократия

То, что нам по-настоящему нужно, — переход от конфронтации к сотрудничеству.

Мы должны выстроить совершенно новую систему управления, от бригады до завода и целой корпорации.

Для этой системы есть уже название: «индустриальная демократия». Индустриальная демократия[88] была модной темой в 60-х годах XX века, и о её проблемах

---

[88] Индустриальная демократия — участие наёмных работников в принятии решений по организации труда. Процесс может быть полным или разделённым с интересами собственности и управления, а принятие решений касаться организации в целом или только подгрупп внутри него. Основные типы: рабочее самоуправление (например, бывшая Югославия), производственные кооперативы (как в Баскской области Испании), совместное принятие решений (например, Германия). — *Прим. ред.*

я написал две книги[89], так что они мне хорошо известны. Однако мне кажется, что настало время сдуть с этой темы пыль и вновь испробовать её.

В индустриальной демократии работники голосуют за членов совета директоров и выбирают себе руководителей. Это — демократия, потому что люди, готовые стать ведомыми, сами определяют своего лидера, а работу менеджмента направляет совет директоров, составленный из представителей капитала и трудящихся.

Было бы неправильно распространять демократию *только* на макросистемы. Она должна начинаться с самых низов.

Коммунизм отверг роль капитала в создании стоимости и не предусмотрел участия инвестора в управлении компанией. Капитализм пошёл по противоположному пути, отрицая саму возможность включения *работников* в управленческие структуры. Капитализм и коммунизм попросту зеркально отражают друг друга, причём каждый изничтожает то, что для другого стало религией.

Ещё один важный тезис. Свободный рынок основан на соперничестве между субъектами рыночных отношений в рамках закона. Благодаря этому возникает конкуренция, способствующая прогрессу и повышению экономической эффективности.

Но к чему конкуренция *внутри* компании? Оставим соперничество рынку. Внутреннее управление должно поощрять корпоративную культуру, где менеджмент, рабочие и капитал должны быть на одной стороне. Чем больше у нас общего, тем меньше дезинтеграции и тем больше мы будем преуспевать.

Наконец, в масштабах мировой экономики необходимы единые учреждения, представляющие весь земной шар, а не такие, где отдельные государства защищают исключительно собственные интересы (я имею в виду Организацию Объединённых Наций). Эти глобальные институты не должны ограничиваться экономическими вопросами, как делают Всемирный банк или Международный валютный фонд. Экономические, социальные и политические подсистемы взаимозависимы:

---

[89] Industrial Democracy, Yugoslav Style: The Effect of Decentralization on Organizational Behavior (New York: Free Press, 1971); Self Management: New Dimensions to Democracy (Santa Barbara, CA: ABC-Clio Inc., 1975).

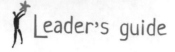

экономические вопросы воздействуют на социальные, те – на политические и т. д. Системную проблему невозможно решить, воздействуя на единственную подсистему. Системные проблемы требуют системного подхода.

Нам нужны глобальные институты, чтобы справиться с глобальными задачами в интересах всего земного шара. Нам нужна новая Бреттон-Вудская система[90], которая не будет ограничиваться экономикой.

Мы ведём сейчас борьбу с проявлениями болезни, а не с её источником. Впрочем, у меня нет иллюзий: нынешний кризис не приведёт нас к стратегическому изменению парадигмы. Он не настолько ужасен, чтобы заставить людей пойти на радикальные перемены. Чтобы действительно изменить нашу финансовую систему, придётся изменить систему ценностей и философию и убить несколько священных коров. Но для этого нужна настоящая катастрофа.

И именно это нас ждёт. Я уверен, что следующий кризис будет хуже нынешнего. Гораздо хуже.

У нас был ссудо-сберегательный кризис, за которым последовал кризис недвижимости; теперь у нас кризис кредитного рынка со всеми его разновидностями. Каждый следующий страшнее предыдущего и всё более всеобъемлющ. И так будет до тех пор, пока мы не наберёмся мужества изменить свою систему ценностей, всё ещё определяющую наши решения.

---

90 Бреттон-Вудская система — международная система организации денежных отношений и торговых расчётов, установленная в результате Бреттон-Вудской конференции (с 1 по 22 июля 1944 г.) Названа по имени курорта Бреттон-Вудс (англ. Bretton Woods) в штате Нью-Хэмпшир, США. Конференция положила начало таким организациям, как Международный банк реконструкции и развития (МБРР) и Международный валютный фонд (МВФ). — *Прим. ред.*

Часть 5.
Вызовы, стоящие перед еврейским государством

Израильско-палестинский конфликт через призму бизнеса[91]

В Израиле продолжается жизнь. Рестораны полны. Намеченные встречи проходят по графику. Перед моим тель-авивским отелем люди купаются в Средиземном море и загорают на пляже, в том самом месте, где в 1990 г. от взрыва бомбы погиб молодой канадский турист Марни Кимельман; и только в нескольких шагах от паба «Майк'с плейс», возле которого 30 апреля 2003 г. террорист-смертник привёл в действие взрывное устройство, убив четырёх человек и ранив ещё почти 60. В 20 метрах от моего отеля приморская дискотека «Дольфи», где другой смертник в июне 2001 г. убил 22 человека и ранил почти 120[92].

Я думал, что найду страну в состоянии паралича или вроде того: безлюдные улицы, пустые аллеи. Но я ошибся. Да, люди осторожны: они по возможности избегают пользоваться общественным транспортом и сторонятся автобусов на улицах, не собираются вместе без необходимости. Но жизнь продолжается. На одной из моих лекций было более тысячи слушателей, на другой — ещё 350. При этом меры безопасности были не слишком строги: охранники просто проверяли сумки при входе, не более того.

Эта реакция общества на терроризм удивила меня, пока я не вспомнил историю (за достоверность не поручусь), которую рассказывали о Голде Меир, одном

---

[91] Озарения Адизеса. Ноябрь, 2003.

[92] В результате теракта 21 человек погиб, 120 ранено; большая часть — дети в возрасте от 14 до 17 лет, в основном выходцы из бывшего Советского Союза. — *Прим. ред.*

из первых премьер-министров Израиля[93]. Меир и двум религиозным лидерам — христианскому и мусульманскому — задали вопрос, что бы они сделали, если бы узнали о вновь надвигающемся Всемирном потопе. Христианин решил целый день молить Бога о прощении. Мусульманин сказал, что обратился бы к пророку Мухаммеду за помощью. И только Меир ответила: «Мы бы учились жить под водой».

Еврейская неуничтожимость

Больше двух с половиной тысяч лет еврейский народ выживал в самых неблагоприятных условиях. Евреи накопили в этом огромный опыт и стали неуничтожимы. Происходящее в стране болезненно и трагично для израильтян, но они привыкают и к этому. Так или иначе евреи выживают в условиях, которые другие нации не смогли бы долго терпеть. Очень немного израильтян уезжают из-за интифады (если уезжают вообще). Но даже и эти эмигранты покидают страну не из страха, а потому, что политическая напряжённость привела к экономическому спаду и они не могут заработать достаточно денег, чтобы накормить свои семьи.

Происходящее в стране болезненно и трагично для израильтян, но они привыкают и к этому.

Эта выносливость и философское отношение к своей судьбе резко контрастирует с реакцией другой стороны. Вы можете лично убедиться из телерепортажей,

---

93 Голда Меир, фамилия по мужу — Меерсон, урождённая Мабович (1898–1978) — израильский политический и государственный деятель. Одна из двух женщин, подписавших Декларацию независимости Израиля. Посол Израиля в СССР (1948–1949). После смерти Леви Эшколя стала пятым премьер-министром Израиля (1969–1974). Её правление было омрачено распрями внутри правящей коалиции, серьёзными разногласиями и спорами, что в 1973 году привело к неудачам в Войне Судного дня. После расстрела боевиками палестинской организации «Чёрный сентябрь» олимпийской сборной Израиля Голда Меир приказала Моссаду разыскать и уничтожить всех причастных к теракту. — *Прим. ред.*

в какую ярость приводят палестинцев бомбардировки Западного берега реки Иордан или Сектора Газа. Сравните это с поведением израильтян после очередного злодеяния террористов-смертников. Где произвол? Где толпы, призывающие к мести?

Независимо от того, скольким предстоит пострадать или умереть — от рук ли Амана Амаликитянина[94] (история Пурима[95] из Ветхого Завета), испанской Инквизиции, Гитлера или ХАМАС, евреи справятся с этим так или иначе. Стратегия ХАМАС — сделать жизнь израильтян настолько невыносимой, что они сдадутся и вернут «оккупированные» территории — обречена на неудачу, поскольку наносит удар не в самое слабое, а в самое сильное место еврейского народа. Наша история и культура прочно закрепили в нашем сознании ту истину, что мы выживем, если будем терпеть столько, сколько понадобится. Все испытания временны; еврейский народ вечен. Интифада никогда не позволит палестинцам достичь своей цели, но будет пролито много невинной крови. Самоубийственные атаки не поставят израильтян на колени. Палестинцы не могут преуспеть там, где даже Гитлер потерпел неудачу.

---

[94] Аман сын Амадафа Агаги — персонаж Ветхого Завета, один из героев, связанный с еврейским праздником Пурим. Потомок Агага, царя амаликитян, оставленного живым еврейским царем Саулом (Шаулем). В еврейской традиции символ антисемита, ненавидящего еврейский народ и замышляющего его погибель. — *Прим. ред.*

[95] Пурим — еврейский праздник, установленный согласно библейской Книге Эсфири в память спасения евреев, проживавших на территории Персидской империи от истребления их Аманом Амаликитянином, любимцем персидского царя Артаксеркса. Когда перед царём встала проблема выбора новой жены (вместо отвергнутой им Астини), выбор его пал на Эсфирь, родственницу и воспитанницу еврея Мордехая, однажды спасшего жизнь царю. Аман Амаликитянин был крайне раздражён тем, что Мордехай отказывался склоняться перед ним. Сплетя сеть интриг, Аман добился согласия царя на уничтожение всего еврейского народа. Узнав об этом, Мордехай потребовал от Эсфири, чтобы та заступилась перед царём за свой народ. Рискуя жизнью, Эсфирь явилась к Артаксерксу без приглашения и убедила его посетить приготовленный ею пир, во время которого и обратилась к нему с просьбой о защите евреев. — *Прим. ред.*

Применение маркетинговой стратегии

В бизнесе маркетинговая стратегия основана на анализе потребностей клиентов и нашей способности удовлетворить их. Войну можно исследовать с помощью тех же инструментов. В чём нуждается враг? Каковы сильные и слабые стороны его культуры? Что может заставить его сдаться?

Если бы палестинские лидеры попытались применить бизнес-модель для анализа своих израильских противников, они увидели бы, что чем большая угроза нависала на протяжении всей истории над еврейским народом, тем он становился сильнее и сплоченнее. Но точно так же стало бы очевидно, что израильтянам свойственно сильное чувство вины и навязчивое желание справедливости. Евреи традиционно были лидерами гуманитарных движений во всём мире.

И это даёт ключ к пониманию того, как палестинцам нужно изменить свою стратегию: разожгите в израильтянах чувство несправедливости, дайте им ощутить свою вину — и всё будет совершенно иначе.

Что произошло бы, если бы в лагерях беженцев миллион палестинцев объявили голодовку перед своими убогими лачугами, среди сточных канав, а телевизионные камеры передавали бы в эфир их отчаянные мольбы о справедливости? Мгновенно забыв о кровопролитии и насилии, все увидели бы иную реальность: страдания, голод, бедность, бездомность, безнадёжность и всеобщую нищету.

Еврейская душа долго этого не вынесет. Очень скоро большинство израильтян начнут призывать к смене политического руководства и предлагать искренние и реалистичные способы облегчить тяжёлое положение палестинцев. Общественное мнение повернётся против строительства поселений на Западном берегу реки Иордан. Готов держать пари, что многие израильтяне даже вышли бы на всеобщую забастовку в случае необходимости, чтобы скорее ликвидировать поселения, из-за которых невозможно создать палестинскую страну с нормальными границами.

Стратегия палестинцев изначально вела в тупик. Если бы арабы и были в состоянии объективно посмотреть на своих противников и оценить их силу, слабости и потребности, то поняли бы, что терроризмом и запугиванием евреев не одолеть. Они к этому нечувствительны. Вместо физического истребления израильтян следовало сыграть на тонких струнах их души, на еврейской потребности в правде и правосудии, и пожинать плоды.

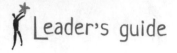

Что нужно палестинцам?

Обратное также верно. На чём следует сфокусироваться израильтянам, если они хотят найти компромисс с палестинцами?

Как все аграрные общества, палестинцы эмоционально привязаны к своей земле. Их чувство защищённости, идентичность и гордость зависят от этой земли так же сильно, как растущие на ней плоды и пасущиеся здесь животные. Израиль должен заплатить за эту землю так или иначе. Палестинцам необходимо получить что-то взамен, или на Ближнем Востоке никогда не будет мира.

Хватит искать правых и виноватых. Уже не важно, почему или как палестинцы потеряли свою землю. Давайте подумаем, что может изменить нынешнее положение.

Я предлагаю следующее. Израиль должен согласиться с принципиальной необходимостью выплаты компенсаций за «занятые», «освобожденные» или «освоенные» земли. Беженцам что-то должно быть предложено взамен потерянных для них земель. Еврейское государство может поместить несколько миллиардов долларов на некий депозит в интересах палестинцев, имевших некогда собственность на территории современного Израиля, и обеспечить доступ к этим деньгам для финансирования строительства, покупки земли или открытия бизнеса. При определении суммы платежей в расчёт необходимо принять срок, в течение которого бывшие владельцы были лишены земли и её плодов. При этом необходимо принять меры предосторожности, чтобы на эти деньги не закупалось оружие для партизан.

Всё это должно стать исключительно жестом доброй воли. Никакого признания вины или ответственности за тяжёлое положение палестинцев.

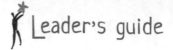

Если уровень жизни палестинцев невозможно приблизить к стандартам Израиля, то качество жизни израильтян надо приблизить к палестинцам.

Изгнание Арафата

Многие израильтяне требуют выслать Ясира Арафата. По их мнению, именно Арафат ответственен за неспособность премьер-министра Махмуда Аббаса (известного также как Абу Мейзен) обуздать ХАМАС и другие террористические организации и за недостаточно эффективную работу его кабинета.

Тель-Авив и Вашингтон отказываются иметь дело с Арафатом. В июне 2002 г. президент США Джордж Буш сказал: «Миру нужен новый палестинский лидер, не идущий на компромисс с террористами». Однако мудрость этой политики вступает в противоречие с концепцией CAPI (coalesced authority, power, and influence — объединенные полномочия, власть и влияние). Это не даст результата.

Арафат пришёл надолго. Нравится нам это или нет, но он был законно избран, и поэтому с ним нужно иметь дело. Точка. Вы ведёте дела с тем, с кем должны, а не с тем, с кем хочется.

Как израильтяне реагировали бы, если бы палестинские лидеры отказались вести переговоры с «убийцей Шароном»[96], изъявив готовность разговаривать только с Йосси Саридом[97]? Израильтяне сочли бы это оскорблением. Или как бы американцам понравилось, если бы во времена холодной войны русские объя-

---

[96] Ариэль Шарон (род. 1928) — израильский военный, политический и государственный деятель, премьер-министр Израиля в 2001–2006 гг. Пришёл к власти как сторонник самых жёстких силовых методов. — *Прим. ред.*

[97] Сарид Йоси — израильский политик, государственный деятель, журналист, депутат кнессета девяти созывов (с 1974 по 2006 г.). Родился в семье выходцев из России. Основные идеи, отстаиваемые Саридом: территориальные уступки в обмен на мир с арабскими странами; обеспечение прав граждан Израиля, в частности, национальных и религиозных меньшинств; борьба за светский характер государства. — *Прим. рсд.*

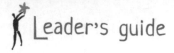

вили, что их не устраивает в качестве партнёра по переговорам законно избранный президент Соединённых Штатов и они согласны говорить только, скажем, с Джорджем Макговерном[98]?

Мы были бы оскорблены, верно? «Да как они смеют нам диктовать! Никто не может вмешиваться в наш демократический процесс!» — заявили бы мы.

Давайте не забывать, что именно Соединённые Штаты добились проведения демократических выборов на палестинских территориях. В результате Арафат был избран президентом Палестинской Автономии. Ну и как теперь можно отказаться иметь с ним дело? Поступая подобным образом, мы демонстрируем, что демократические принципы мы уважаем лишь в отношении самих себя, а когда речь идёт о других странах, не стесняемся отвергать демократически избранного лидера.

Очевидно, что Арафат располагает властью над палестинцами. Неужели не очевидно, что серьёзную проблему нельзя решить, если вы отказываетесь говорить с тем, у кого власть? (Кстати, убийство лидера не уменьшает эту власть; напротив, он превращается в мученика, а власть его над умами лишь укрепляется и остаётся уже навсегда.)

Пора признать, что мы должны иметь дело с Арафатом, нравится ли нам это или нет.

---

[98] Джордж Макговерн (род. 1922) — американский политик, сенатор от Южной Дакоты и кандидат на президентских выборах 1972 года от Демократической партии. Критик вьетнамской войны. — *Прим. ред.*

«Вымирающий вид»[99]

Наблюдая войну в Ливане из Соединённых Штатов по телеканалу Си-Эн-Эн, я серьёзно опасался за безопасность Израиля. Я уже писал об этом: какие шансы у Израиля, окружённого миллионами арабов и других мусульман, чьё враждебное отношение к Израилю — не тайна, а ненависть к евреям — официальная политика? Арабы могут позволить себе проиграть много войн; Израиль не может проиграть даже одну, потому что она станет последней.

Я боюсь, что однажды террористы-смертники приведут в действие уже не динамит, а тактическое ядерное устройство, и за день убьют больше, чем раньше убивали, калечили за год.

Какие страны, помимо Соединённых Штатов, поддерживают Израиль? И что произойдёт, если однажды поддержка Израиля станет для президента Соединённых Штатов обузой? Выживет ли окружённый ненавистью Израиль без глобальной поддержки?

Почему защищают китов, а не евреев? Они что, не приносят пользы человечеству? Поинтересуйтесь их вкладом во всех областях знания.

Израиль должен выжить. Я объяснил в предыдущем озарении, почему именно еврейскому народу, гонимому и уничтожаемому в течение многих тысяч лет, нужен безопасный дом. Можно даже сказать, что евреи — вымирающий вид. Почему защищают китов, а не евреев? Они что, не приносят пользы человечеству? Поинтересуйтесь их вкладом во всех областях знания.

Но действительно ли Израиль безопасен для евреев или он дает лишь ложное чувство безопасности? Ведь шесть миллионов евреев, собравшихся в одном месте, — легкая цель для ядерного Холокоста, обещанного президентом Ирана.

Когда я был с лекциями в Израиле месяц назад, меня посетило озарение, которым я хочу поделиться с вами.

---

[99] Озарения Адизеса. Сентябрь, 2006 (отрывок).

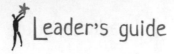

Привычка к войне

Война в Ливане вновь продемонстрировала способность еврейского народа адаптироваться к любым условиям. При ракетных обстрелах в первые её дни еврейское население бежало в убежища, но уже через неделю люди привыкли к ракетам и сиренам. Жизнь практически вернулась в привычную колею. Люди установили в бункерах и подвалах рабочие столы, и офисная деятельность продолжалась. В Тель-Авиве, до которого ракеты не долетали (хотя не так уж и сильно — всего-то 60 миль), всё шло своим чередом, как будто нет никакой войны. Рестораны и ночные клубы не испытывали недостатка в посетителях.

Я помню, как несколько лет назад ехал в магазин на такси, чтобы купить рубашку. По радио сообщили об атаке террориста-смертника, который убил несколько человек примерно в десяти милях от того места, где мы были. Водитель продолжал спокойно вести машину. Торговый центр, у которого мы припарковались, был заполнен людьми, продолжающими делать покупки, как будто ничто не произошло. Я спросил таксиста, что он испытывает, и услышал в ответ: «А что тут можно сделать? Это — жизнь».

Во время Ливанской войны я видел по израильскому телевидению выступление народного хора. Открывала и закрывала программу песня «*Lo nafsik lashir davka*». («Мы будем петь, несмотря ни на что».)

Слово *davka* не переводится на английский, хотя в турецком аналог есть — *inat*, есть перевод и на сербский — *naprkost*. Это означает упрямство, не имеющее логического объяснения; желание настоять на своём просто для того, чтобы доказать, что ты это можешь, независимо от того, насколько это разумно. И люди пели об этом, хотя в сводках новостей постоянно шла военная хроника.

Кажется, не было ещё ни одного поколения, в котором кто-то не пробовал бы – и очень активно — уничтожить евреев. Но евреи всегда справляются с этим, и жизнь продолжается. За тысячи лет пребывания в смертельной опасности еврейский народ привык к ней и научился жить под угрозой уничтожения, как если бы это было естественно. Они выживают. Даже если выживает единственный еврей, выживает и еврейский народ.

Видели ли вы, чтобы после очередного теракта израильтяне рвали на себе волосы или ходили бы по улицам с флагами, взывая к мести, как делают после бомбежки арабы? Нет. По телевидению и на страницах газет мы видим лишь плачущих людей на кладбище, скорбящих по своим любимым. Не более того. Жизнь продолжается.

Израиль размером с Нью-Джерси. Думаю, для большинства читателей будет новостью, что 63 процента территории Израиля — пустыня. Что евреи сделали с этой пустыней? Они заставили её цвести. Можете убедиться в этом сами: используя утреннюю росу для ирригации, в бывшей пустыне выращивают дыни, овощи и цветы и экспортируют их в Европу в середине зимы.

Секрет выживания

Еврейскую культуру можно охарактеризовать двумя словами: жажда познания.

Я полагаю, что сила еврейского народа в его способности приспособиться к любому окружению.

Как? Моё озарение: евреи всегда оказываются в состоянии приспособиться, потому что у них есть огромная способность и желание учиться. Еврейскую культуру можно охарактеризовать двумя словами: жажда познания.

Еврейские семьи малочисленны, и среди евреев принято вкладывать капитал в детей. Образование, продолжающееся целую жизнь, — краеугольный камень еврейского существования. Откуда же берётся эта жажда знаний? Евреи никогда не считают, что вещи разумеются сами собой. Они бесконечно любопытны, всегда желают знать суть вещей. В любом деле евреи в конечном счёте достигают вершин. Почему? Они никогда ничего не принимают как данность, бросают вызов статус-кво, и в конечном счёте добиваются изменений.

Но, как часто бывает, продолжением достоинств национального характера евреев являются его недостатки.

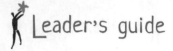

На лекциях я с первого взгляда узнаю в аудитории евреев. Они доставляют больше всех хлопот. Они первыми поднимают руки. Они всегда со мной спорят. Евреи — это гвоздь в ботинке, и многие антисемиты ненавидят нас из-за этой черты. Евреи не стоят спокойно в очереди. Они настойчивы, требовательны и склонны к критике.

Это постоянное стремление всё оспорить и бесконечное правдоискательство делает Израиль самой самокритичной страной, которую я знаю. Привычка израильтян критиковать друг друга далеко выходит за рамки конструктивности: в Израиле никто не достаточно хорош. Нет людей, стоящих выше критики.

Из-за этого Израиль может уничтожить себя сам.

Возьмите войну в Ливане. Эфир любого израильского телеканала заполнен интервью с любым, кто готов говорить, что означает примерно всех, ибо желание говорить и быть услышанным не редкость у евреев. И у каждого израильтянина есть мнение о том, почему войну нужно было вести совершенно не так, как было в действительности. Премьер-министр назначает комитет по расследованию причин того, что мы не можем выиграть войну (обратите внимание, Израиль не проигрывал войну; но даже «невыигрыш» — это достаточно ужасно, чтобы начать национальное расследование).

Другими словами, в Израиле идёт охота на ведьм.

Безудержная критика подрывает авторитет власти: политический, военный и даже социальный. От этого никто не защищён. Любого могут обвинить в некомпетентности. Вместе с потерей уважения и доверия падает и готовность к борьбе, и Израиль становится всё более и более слабым.

Кроме того, мировые СМИ подняли шумиху, требуя от Израиля принести извинения за жертвы среди мирного населения. Кстати, от «Хезболлы», сознательно нацеливающей ракеты на гражданские объекты, никто никогда извинений не слышал. В мировом общественном мнении Израиль — агрессор; «Хезболлу» же, развязавшую эту войну и публично объявившую своей целью уничтожение государства Израиль, никто не осуждает.

Израильский PR дурно пахнет. Израильтяне моют свою прачечную чрезвычайно старательно и публично, даже если там и грязи-то почти нет.

Вера в Чудеса

Логично было бы предположить, что цены на недвижимость в Израиле упадут, ведь там идёт война, и всегда существует риск, что сумасшедший террорист-смертник взорвет бомбу по соседству. А что на деле? Всё наоборот. Цены на недвижимость в ходе войны выросли, и фондовый рынок также. Цена за квадратный метр жилья в Тель-Авиве теперь сопоставима с ценой на Манхэттене.

Израиль — ведущая страна мира по числу изобретений. У израильтян больше действующих патентов, чем у граждан нескольких ведущих промышленно развитых стран. Израиль — безусловный лидер во многих сферах: интернет-безопасность, биллинговые системы, садоводство, капельное орошение, уникальные овощи и фрукты, и это далеко не всё. Причём все эти достижения принадлежат гражданам воюющего государства.

Израиль всегда в опасности, но, находясь в Израиле, вы не чувствуете этого. Жизнь продолжается. И, честно говоря, я не знаю, хорошо это или плохо. С одной стороны, хорошо, потому что как бы иначе Израиль смог выдержать бесконечное давление и угрозу уничтожения? Но, с другой стороны, так ведь можно проглядеть (или проигнорировать) смертельно опасную ситуацию.

Давида Бен-Гуриона[100], которого считают основателем Государства Израиль, как-то спросили, верил ли он в чудо, которое спасёт его крошечную страну от бедствий. Бен-Гурион ответил: «Нет. Мы не верили в чудеса. Мы их планировали». Спросите сегодня любого израильтянина, как его страна собирается решать стоящие перед ней проблемы, и он ответит: "Будет чудо..."»

---

100 Давид Бен-Гурион (1886–1973) — лидер еврейского рабочего движения в Палестине, один из создателей и первый премьер-министр Государства Израиль. С 1930-х гг. возглавлял борьбу официальных органов еврейского населения страны и Сионистской организации за создание еврейского государства в Эрец-Исраэль. Сыграл решающую роль в провозглашении государственной независимости евреев в Эрец-Исраэль, объявив о создании Государства Израиль 14 мая 1948 года. — *Прим. ред.*

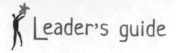

Почему в ближайшем будущем антисемитизм будет нарастать по экспоненте[101]

В моих лекциях я говорю, что проблемы нужно решать быстрее, чем это делает конкуренция. В качестве иллюстрации я привожу следующий анекдот.

Двое туристов проводят сафари в африканской саванне. Неожиданно они замечают льва, направляющегося в их сторону. Один из туристов начинает поспешно переобуваться в кроссовки. «Зачем ты это делаешь? — спрашивает его другой. — Все равно бежать быстрее льва ты не сможешь». — «А мне и не надо бежать быстрее льва, — отвечает тот. — Мне надо бежать быстрее тебя!»

«Как вы думаете, кто в данной ситуации имеет лучшие шансы?» — задаю я вопрос аудитории. — «Тот, кто приспосабливается к изменяющимся обстоятельствам быстрее других!»

Какое всё это имеет отношение к еврейскому народу и антисемитизму?

Встроенные датчики угрозы

В течение 2500 лет мы, евреи, много раз видели, как лев направляется в нашу сторону. Нам угрожали газ, огонь, казни, насилие, инквизиция, изгнание, лишение собственности. Если есть нация, дольше всех находящаяся под угрозой исчезновения, то это евреи.

---

[101] Озарения Адизеса. Ноябрь, 2006.

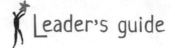

В ответ на это мы развили невероятно чувствительные датчики угрозы и стали легче на подъём, чем любая другая этническая группа. Мы ведь очень мобильны, не так ли?

Мы печёнкой чувствуем надвигающиеся перемены и можем распознать угрозу раньше, чем представители любой другой этнической группы. Мы действуем быстрее, потому что никогда не забываем об опасности.

Известная шутка: все еврейские матери хотят, чтобы их дети были врачами.

Я спросил у моей собственной матери: «Почему именно врачом?»

«Потому что врачи нужны везде, во всём мире», — ответила она серьёзно. Другими словами, чтобы выжить, лучше иметь профессию, которая востребована повсеместно. На всякий случай.

У евреев есть несколько паспортов. На всякий случай. Они говорят на нескольких языках. На всякий случай. Имеют родственников и друзей по всему миру. На всякий случай. Посвятите жизнь получению образования. Зачем? Знания спасут вас, если вы будете вынуждены эмигрировать и вам придётся как-то выживать.

Процветание в периоды перемен

Поскольку мы реагируем на изменения быстрее и лучше, чем другие этнические группы, в конце концов мы сами инициируем изменения и становимся лидерами в каждой сфере, где присутствуем. Нет ничего удивительного в том, что многие из российских революционеров были евреями. Они изменяли мир. Я сейчас читаю книгу об Иосифе Броз Тито, написанную югославскими историками, и они утверждают, что его серым кардиналом был еврей Моша Пьяде[102].

Впрочем, это касается не только революционеров. Сегодня евреи — ведущие капиталисты посткоммунистической России. Мы становимся первыми во всех

---

[102] Пьяде Моша (Pijade Mosa; 1890–1957), югославский политический и государственный деятель, живописец и публицист. — *Прим. ред.*

областях, где изменения требуют быстрой реакции, где возникают новые возможности для лидерства. Везде евреи начинают как новаторы и заканчивают как лидеры. Чем больше изменения, тем лучше у нас получается. Пионеры киноиндустрии — братья Уорнер[103], Сэмюэль Голдвин[104], Луис Барт Майер[105] — были евреями. Мы были лидерами в медицине, искусстве, литературе, бизнесе, экономике и даже в преступлениях: Меер Лански и Багси Сигел[106], еврейские гангстеры, способствовали основанию Лас-Вегаса.

У евреев есть несколько паспортов. На всякий случай. Они говорят на нескольких языках. На всякий случай. Имеют родственников и друзей по всему миру. На всякий случай.

Даже если нам запрещают (например, посредством национальных квот) заниматься какой-либо деятельностью, мы, проникнув в итоге в эту сферу, оказываемся

---

[103] Гарри Уорнер (урождённый Гирш Вонсколасер) (1881–1958), Альберт Уорнер (урождённый Аарон Вонсколасер) (1883–1967), Сэм Уорнер (урождённый Шмуль Вонсколасер) (1887–1927) и Джек Уорнер (урождённый Ицхак Вонсколасер) (1892–1978), родители которых иммигрировали из Российской империи (с территории нынешней Польши) в США (через Англию и Канаду). Три старших брата стали заниматься киноиндустрией ещё в 1903 г., демонстрируя фильмы для горных рабочих в Пенсильвании и Огайо. В том же году в Нью Кастл (Пенсильвания) они открыли свой первый кинотеатр, «Каскад». — *Прим. ред.*

[104] Голдвин Сэмюэль (урождённый Гелбфиш; 1879–1974), американский кинопродюсер, один из создателей американской киноиндустрии. — *Прим. ред.*

[105] Луис Барт Майер (урождённый Лазарь Меир; 4 июля 1884, Минск — 29 октября 1957, Лос-Анджелес) — один из первых кинопродюсеров, известный как руководитель и один из основателей голливудской киностудии «Metro-Goldwyn-Mayer» (MGM) и Американской Академии кинематографических искусств и наук, которая ежегодно устраивает главную кинопремию «Оскар», также предложенную им. Лазарь Меир родился в еврейской семье в Российской империи. Когда Лазарю было около двух лет, его семья, опасаясь погромов, эмигрировала в США и поселилась в штате Род-Айленд. — *Прим. ред.*

[106] Меер Лански (урождённый Меер Суховлинский; 1902–1983) — крупная фигура организованной преступности США. Багси Сигел (урождённый — Бенджамин Сигельбаум; 1906–1947) — известный американский гангстер. Убит по приказу криминальных боссов. — *Прим. ред.*

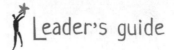

такими жестокими конкурентами, что оставляем других на съедение льву. Мы сразу видим, что нужно изменить, делаем это и снова оказываемся на вершине.

Поскольку мир меняется всё быстрее, евреи будут процветать всё больше, опережая других, всё ещё пытающихся понять, что происходит и что с этим делать.

Но у этого успеха есть цена. Макиавелли сказал: «Нет ничего труднее, опаснее и неопределённее, чем руководить введением нового порядка вещей, потому что у каждого нововведения есть ярые враги, которым хорошо жилось по-старому, и вялые сторонники, которые не уверены, смогут ли они жить по-новому». Другими словами, если вы хотите быть ненавидимыми, попытайтесь что-нибудь изменить.

Как вы полагаете, что думает парень, попавший на обед ко льву, о своем товарище, которому удалось удрать? Может быть, лёжа и истекая кровью, он радуется, что приятелю удалось спастись? И, если ему удастся выбраться из этой переделки, что он собирается сделать со своим попутчиком, когда они встретятся снова?

Поскольку евреи прекрасно выучились бегать ото львов, весь мир подозревает их и злится на них, даже если никакого льва не видно.

Зависть приводит к ненависти

В обстановке непрерывно нарастающих изменений преуспевают более знающие, гибкие и творческие, предприимчивые люди. (В России я обнаружил, что любого успешного предпринимателя считают «евреем» независимо от исповедуемой им религии.) Те, у кого этих качеств меньше, постоянно несут потери — социологические, культурные и экономические, и в результате имеют всё меньше и меньше. Что же им думать об успешных евреях? Они злятся на тех, кто первым извлек выгоду из изменений. Более чем вероятно, что они ещё и постараются отомстить.

Некоторые простаки даже обвиняют евреев в том, что они специально привели льва, чтобы украсть скудные ресурсы и бросить остальных на съедение: «Евреи провоцируют войны, потому что наживаются на них».

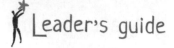

Чем активнее евреи используют свою врождённую способность адаптироваться к изменениям и преуспевают за счёт этого, тем более махровым цветом будет расцветать антисемитизм.

Изменения, как мы знаем, создают проблемы и возможности. Чем станет изменение — первым или вторым — зависит от нашей способности адаптироваться и предвидеть. Лучшие качества евреев проявляются именно тогда, когда они имеют дело с изменениями. Это вызывает зависть и злобу и может привести к беспрецедентным трагедиям, возможно, даже худшим, чем Холокост.

Картер и еврейское сообщество[107]

Точка зрения возникает из фактов или наоборот?

Много лет назад я претендовал на пожизненный контракт профессора в Калифорнийском университете[108]. Это было крупным событием в биографии молодого старшего преподавателя, которое, казалось, определит мою дальнейшую жизнь.

---

[107] Озарения Адизеса. Декабрь, 2006.

[108] Многие университеты США и Канады предоставляют избранным представителям старшего профессорско-преподавательского состава пожизненный контракт (tenure), без возможности увольнения администрацией. Общая цель такого контракта — защита независимости учёных. Пожизненный контракт даёт стимул работать на репутацию данного учебного заведения и не опасаться конкуренции со стороны молодых и талантливых коллег. Считается также, что пожизненный контракт защищает учёного от увольнения в случае конфликта с администрацией или работы по немодной тематике, что важно для появления оригинальных идей и даёт некоторые гарантии от застоя в прогрессе науки из-за того, что профессура предпочитает «безопасные» темы. — *Прим. ред.*

На заседании комитета по персоналу из восьми голосов лишь один оказался в мою пользу.

Я попросил разрешения провести короткую презентацию. Я говорил в течение получаса.

Члены комитета провели повторное голосование. Семь — за, один — против. Всё наоборот!

Отнюдь не всегда мнение людей по какому-либо вопросу изначально нейтрально.

Клянусь, в течение этого получаса у меня не появилось новых публикаций. Я не проводил новых исследований. Я не сказал членам комитета ничего такого, чего бы раньше они не знали! Единственное, что я сделал, — постарался изменить их отношение, их «гипотезу».

Учёные выдвигают гипотезу и затем ищут факты, способные её доказать или опровергнуть.

Что же такое «гипотеза»?

Это точка зрения, предположение, догадка.

Отнюдь не всегда мнение людей по какому-либо вопросу изначально нейтрально. Часто наоборот, мы имеем определённое предубеждение и отбираем факты, которые укрепляют нашу точку зрения, или интерпретируем в её пользу известные нам обстоятельства.

В обществе развернулись большие дебаты по новой книге бывшего президента США Джимми Картера *«Палестина: мир, а не апартеид!»*[109].

О чем пишет Картер? Согласно статье в «Нью-Йорк Таймс» Картер утверждает, что «произраильские лоббисты задушили дебаты в Соединённых Штатах по израильско-палестинскому конфликту»; что «израильтяне виновны в нарушениях прав человека на палестинских территориях, оккупированных Израилем»; и что

---

[109] «Палестина: мир, а не апартеид!» — книга, написанная Джимми Картером, бывшим президентом США и лауреатом Нобелевской премии мира 2002 г. В книге утверждается, что сегодняшняя политика Израиля на палестинских территориях является «системой апартеида, где два народа занимают одну землю, но живут раздельно друг от друга, и где израильтяне полностью доминируют и подавляют насилием, лишая палестинцев основных прав человека». — *Прим. ред.*

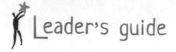

«редакционные полосы американских газет редко представляют что-либо, кроме произральской точки зрения»[110].

Хм. Спросите израильтянина или американскую еврейскую диаспору, так ли это? Что они вам ответят? Что всё точно наоборот: у нас скверный PR; мир не понимает нас; на СМИ оказывают влияние против нас. Настоящие нарушители прав человека — террористы-смертники, убивающие и калечащие мужчин, женщин и детей в кафе, пиццериях и автобусах. Настоящее преступление — терроризм.

То, что Картер называет нарушениями прав человека в Израиле, лишь неудачные попытки справиться с потенциальными террористами-смертниками и ХАМАС[111], отказывающейся говорить о мирном урегулировании, а также выйти на диалог с Ираном, открыто призывающим к ликвидации государства Израиль, и, вероятно, разрабатывающим ядерное оружие, которое может сделать эту угрозу реальностью.

Израильские и американские евреи чувствуют, что СМИ настроены против Израиля, что арабским страданиям посвящены бесконечные страницы новостей и бесчисленные фотографии (некоторые из них явно смонтированные), в то время как об израильских страданиях практически не упоминают.

Теперь кому вы готовы поверить: Картеру или еврейскому сообществу?

У каждой стороны своя точка зрения, которую она подтверждает фактами.

Это напоминает анекдот. Мойша читает антисемитскую газету. Его друг Хаим возмущается: «Как можешь ты, еврей, читать нацистскую газету?» — «Знаешь, Хаим», — говорит Мойша, — «Когда я читаю еврейские газеты, я очень расстра-

---

[110] Джулия Босман, «Carter Book Stirs Furor with Its View of Israelis», New York Times, 14 декабря 2004 г. В декабре 2009 г. Картер написал открытое письмо еврейскому сообществу, в котором принёс извинения за «антиизраильские» комментарии в своей книге. Тут же появилось предположение, что этот поступок был связан с тем, что его внук, Джейсон Картер, баллотировался на пост сенатора от штата Джорджия в районе, где проживает многочисленная еврейская диаспора. Джейсон Картер — первый внук Джимми Картера, который выбрал карьеру политика. — *Прим. ред.*

[111] ХАМАС (Harakatal-Muqawamaal-Islamiya, «Исламское движение сопротивления») — палестинское исламистское движение и политическая партия. — *Прим. ред.*

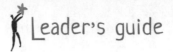

иваюсь. Там пишут о погромах, преследованиях, проблемах, опасности... А вот когда я читаю нацистские газеты, *амехайя* (я чувствую себя хорошо)! Мы управляем миром. Нам принадлежат СМИ. Мы владеем деньгами. Мы влиятельны».

Я полагаю, что Картер сначала сформировал своё мнение, а затем уже искал факты, чтобы подтвердить его, вместо того, чтобы сформировать свою точку зрения на основании анализа фактов.

Тикающие бомбы Израиля[112]

Есть два Израиля. Первый окружает вас, пока вы там. Второй вы понимаете только после того, как уезжаете.

Израильтяне продолжают приспосабливаться к ухудшающейся ситуации и успокаивать друг друга, покуда нож не воткнулся в горло.

Находясь в Израиле, вы *не можете* не быть впечатлены энергией страны, её ростом и успехом: шоссе, высотные здания, отели. Не остаётся ни малейших сомнений в том, что это очень и очень развитая страна. Посещая израильские компании, вы чувствуете себя в эпицентре мировой державы. Elbit, один из моих бывших клиентов, входит в десятку крупнейших мировых компаний по производству военной электроники. AMDOC со штатом 15 000 человек — мировой лидер по производству биллинговых систем, конкурирующий на рынке компьютерных сетей с Oracle.

Израиль — настоящая «история успеха» даже без упоминания о том, что это одна из главных интернет-держав мира и одна из ведущих стран, представленных на фондовых рынках Соединённых Штатов. Израильтянам принадлежит отель Plaza в Нью-Йорке; они открывают крупнейшие отели в Лас-Вегасе; они вкладывают капитал в недвижимое имущество в Москве; и так далее, и тому подобное. Microsoft,

---

[112] Озарения Адизеса. Июнь, 2008 (отрывок).

Google, Yahoo, Intel — все они имеют исследовательские центры в Израиле. Некоторые из самых важных изобретений и новаций Microsoft и Intel были разработаны именно здесь. Уоррен Баффет — которого вряд ли кто-то назовёт эмоциональным инвестором — вложил 4 миллиарда долларов в 2006 г., чтобы получить контроль над израильской металлургической фирмой Iscar. Шекель вошёл в десятку самых устойчивых валют, а по темпам роста израильская экономика — одна из лучших в мире.

Как же может существование Израиля быть в опасности?

Ощущение опасности, угрожающей Израилю, посещает вас лишь тогда, когда вы покидаете страну. Пока вы там, аура успеха даёт ложное чувство безопасности, которая испаряется, лишь стоит уехать и проанализировать ситуацию на расстоянии.

Есть несколько «тикающих бомб», которые угрожают Израилю. И эти бомбы нельзя обезвредить.

Первая «тикающая бомба»

В течение жизни нынешнего поколения арабское население станет этническим большинством Израиля. У арабов очень высокая рождаемость, которая, вероятно, могла бы снизиться вместе с увеличением уровня жизни, но не до такой степени, чтобы угроза исчезла. На самом деле, если бы не массовая иммиграция из бывшего СССР в 1980-х гг., арабы давно уже были большинством; я читал подобные прогнозы ещё в пору моего студенчества. Впрочем, приток репатриантов не отменил, а лишь отсрочил неизбежное.

Чтобы остаться еврейским государством, Израилю нужно ещё больше еврейских иммигрантов. Это может случиться только при условии резкого всплеска мирового антисемитизма, или если жизнь в Израиле станет намного привлекательнее, чем где бы то ни было.

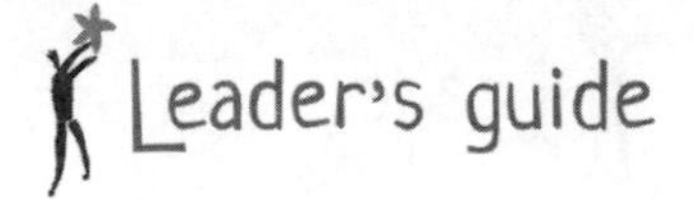

Сделать Израиль самым лучшим в мире местом для жизни — дело непростое. Что касается антисемитизма, то он, конечно же, существует, и вполне может стать движущей силой массовой иммиграции в Израиль.

Для евреев диаспоры антисемитизм — реальная угроза. Как ни парадоксально, но для израильтян это, кажется, последняя надежда на то, что еврейское государство останется еврейским.

Но есть ещё один важный момент, который следует обдумать. Если массовые проявления антисемитизма спровоцируют новую волну иммиграции в Израиль, мировое еврейство, по сути, окажется в новом гетто. Да, на сей раз гетто будет уже не районом города, а целой страной, но это всё равно будет гетто. И ему придётся выдерживать натиск не только своих соседей, но и многих других антисемитских стран. Малоприятная перспектива.

И всё же, если не начнётся новая волна иммиграции, арабы скоро станут подавляющим большинством в Израиле[113].

---

[113] В ноябре 2009 г. мне сказали, что демографическая угроза отступила. Что произошло? По новейшим данным, коэффициент воспроизводства в арабских семьях уменьшился, а среди ультраортодоксальных иудеев он вырос. Фактически в 2009 арабы и *харедим* (вы наверняка видели по телевидению этих религиозных евреев в чёрных кафтанах и с длинными бородами) уравновесили друг друга. А поскольку демография работает в пользу евреев, вышеописанная политическая «бомба» может оказаться ложной тревогой. Но тут таится другая угроза. Харедим в Израиле не работают. Они изучают Тору. Поскольку они не работают, они не платят налоги, потребляя при этом самую большую часть средств, предусмотренных в бюджете Израиля на социальные нужды. Они также не служат в армии. В результате харедим вызывают огромное недовольство со стороны светских израильтян. Я слышал в их адрес самые настоящие антисемитские заявления: их называют «эти евреи», «паразиты», которых все остальные вынуждены содержать за свой счёт и защищать во время войны.
По мере того как численность арабов и харедим растёт, светские израильтяне всё более и более становятся меньшинством, географически сконцентрированным вдоль побережья от Ашкелона до Хайфы. Иерусалим будет всё более и более городом религиозных евреев, Галилея станет преобладающе арабской, а Негев — бедуинской (это внутриарабское меньшинство). Как это всё скажется на моральном климате Израиля? Светские евреи — меньшинство, сконцентрированное вдоль побережья, — будет нести большую часть экономического и военного бремени. А между всеми тремя группами — светскими евреями, харедим и арабами – будет всё более обостряться напряженность. К чему это при-

Они уже расселяются на исконных еврейских территориях. Верхний Назарет — город, построенный евреями и для евреев, поскольку сам Назарет был арабским, и там евреев не жаждали видеть, — теперь частично населен арабами, и арабская часть быстро расширяется. Кармиэль, который должен был стать воротами в Галилею для еврейских поселенцев, теперь всё более и более населяется арабами. В Яффе, части Тель-Авива, арабы отказываются продавать свою землю евреям, и её скупают саудовские миллионеры.

В такой демократической стране, как Израиль, каждый гражданин имеет право голосовать. Если большинство избирателей будет арабским, сможет ли Израиль остаться еврейским государством? Или эти демографические изменения приведут к гражданской войне?

Возможные решения

Что может сделать Израиль?

На мой взгляд, есть несколько вариантов.

Первый вариант. Чтобы избежать гражданской войны, Израилю придется развернуть активную работу по изменению своей культуры, чтобы стать двунациональной страной. Арабы должны получить такие же права, как и евреи, во всех отношениях. Понадобится изменить флаг и гимн, которые сейчас чисто еврейские, и дать статус второго официального языка арабскому (наравне с ивритом), причем все должны владеть этими языками в равной степени хорошо.

ведёт? Я могу предложить следующий сценарий. Если на Ближнем Востоке сохранится относительное спокойствие, светским евреям будет проще наладить отношения с палестинцами, чем с ультраортодоксальными иудеями. Культурно эти две группы становятся ближе. Включите израильское телевидение и послушайте музыку. Самая популярная тема — «ближневосточная музыка», больше всего похожая на арабскую. И когда известный израильский певец спел арабскую песню на иврите, многим это понравилось. Я боюсь физической агрессии против харедим, которых светские израильтяне иногда презрительно называют «этими евреями». Нападения уже случались; к счастью, никто не был убит. Пока. — *Прим. авт.*

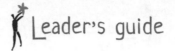

Подобная модель реализована в Швейцарии, где люди французского, немецкого и итальянского происхождения живут вместе в мире.

Можно просто мирно передать власть арабам, подобно тому как Фредерик де Клерк[114] сделал в Южной Африке. Возможно даже, что евреи смогут выжить в стране арабского правящего большинства. (А хорошо ли это работало в Ливане? Смогли там палестинцы жить в мире с арабскими христианами?)

Но это решение означает, что Израиль больше не будет еврейским государством. Когда я предложил это, мне сказали: «Невозможно!» Сионистское видение Израиля как еврейского государства священно. Израиль провозглашён родиной всех евреев во всём мире; где бы ни жил раньше еврей, здесь у него всегда есть дом, который примет его в случае опасности.

Второй вариант. Израиль — еврейское государство и должен им остаться. Для того чтобы арабы не стали в нём большинством, нужно организовать обмен населением. Передайте всех арабов с их землями в создаваемое палестинское государство, а все еврейские поселения на Западном берегу реки Иордан включите в Израиль.

Прекрасный план, за исключением того, что подобный обмен территориями невозможен. Не думаю, что палестинцы согласились бы на него; когда возводился забор[115], отделяющий евреев от палестинских территорий, арабы ясно дали понять: они хотят оставаться в Израиле. И даже если бы палестинцы действительно согласились, Израиль на это не пойдет, потому что обмен территориями означал бы потерю богатой Галилеи.

---

114 Фредерик Виллем де Клерк (род. 1936) — президент ЮАР в 1989–1994 гг. Ликвидировал систему апартеида и передал власть чёрному большинству. — *Прим. ред.*

115 В 1994 г. для обеспечения безопасности гражданского населения от проникновения террористов Израиль начал возводить забор безопасности по периметру сектора Газа. Оборудован современными средствами слежения, а вдоль забора создана полоса отчуждения километровой ширины. Израильские солдаты имеют приказ стрелять в любого, кто попытается преодолеть забор и полосу отчуждения. — *Прим. ред.*

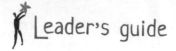

А как насчёт насильственного выселения арабов с оккупированных Израилем территорий и за пределы страны — в лагеря палестинских беженцев? Помимо того что такое решение безнравственно, оно ещё и вызовет международное осуждение, которое может повлечь наложение санкций на Израиль и изоляцию; на фоне этих проблем сегодняшние трудности покажутся незначительными.

Третий вариант. Забыть о демократии и реализовать концепцию апартеида. Лишить арабов избирательных прав так или иначе.

Поскольку это противоречит принципам очень многих израильтян, подобное решение неизбежно приведет к эмиграции за пределы Израиля. О международных последствиях, я думаю, можно не говорить.

Вторая «тикающая бомба»

Израилю угрожает новый Холокост — теперь уже ядерный. Иран, почти не таясь, развивает атомные технологии и не раз заявлял о своем намерении стереть Израиль с карты мира. Правда, Тель-Авив предупредил о неизбежном возмездии, и мир знает, что необходимая ядерная мощь у него для этого есть. По словам одного моего знакомого, высокопоставленного израильского чиновника, правительство еврейского государства полагает, что в Тегеране не сошли с ума и не будут столь глупы, чтобы своим нападением на Израиль вызвать ядерное возмездие. Но говорить, что политические лидеры никогда не ведут себя как сумасшедшие, означает выдавать желаемое за действительное.

У меня нет никакого решения этой проблемы.

Третья «тикающая бомба»

Но даже если забыть апокалиптический сценарий атомного Судного дня, над нами всё равно нависает угроза. Однажды ХАМАС и «Хезболла» вместе с армиями арабских стран и поддержавшими их антисемитскими правительствами могут развязать и выиграть новую арабо-израильскую войну. Как кто-то сказал: «Арабские страны могут позволить себе проиграть много войн, Израиль же не имеет права проиграть даже одной»[116].

Может такое случиться?

Если вы больны и врач прописал вам антибиотики, необходимо обязательно провести курс лечения полностью. Если этого не сделать, то часть бактерий выживет и они приобретут резистентность (устойчивость) к тому лекарству, которое вы применяете; антибиотик перестанет действовать. Микроорганизмы при этом становятся всё более и более опасными и в конце концов могут убить вас.

Израиль не может закончить курс лечения. Не следует даже пытаться, ибо применяемое «лекарство» называется «этнической чисткой». Но в результате с каждым нерешительным сражением или войной ХАМАС и «Хезболла» становятся всё сильнее, а Израиль — слабее. Враг извлекает уроки из каждого сражения, а израильтяне всё больше устают от бесконечной борьбы. Израиль хочет быть нормальной страной. Израильтяне видят слишком много смерти за свою жизнь. В Израиле нет ни одной семьи — ни одной, подчеркиваю, — где не оплакивали бы родственника, погибшего насильственной смертью.

Второй мировой войны оказалось недостаточно? Кто выдержит эту бесконечную борьбу? Кто ещё хочет умереть? Кому мало войны?

---

[116] Эти слова принадлежат журналисту Полу Джонсону, автору книги «Популярная история евреев» — *Прим. ред.*

Миллионы израильтян требуют: «Мир — немедленно!» Увеличивается число выпускников средней школы, уклоняющихся от службы в Армии обороны Израиля. Израильтяне смертельно устали убивать и умирать.

Совсем иные настроения среди арабов. Видел ли кто-нибудь демонстрацию палестинцев, требующих мира, — сейчас или завтра? Если такие вообще существуют, в лучшем случае это гонимое и бессильное меньшинство интеллектуалов. Радикалы же полагают, что их жертва во имя святого дела будет вознаграждена в загробной жизни. Палестинские матери празднуют героическую гибель сыновей, ставших «мучениками» Палестины.

Можете вы представить, чтобы еврейская мать радовалась смерти своего ребенка? Нет. И никогда не будет. Для евреев священна жизнь; для мусульманских радикалов — смерть.

В 1948 г. евреи были готовы умереть, чтобы иметь собственное государство, а палестинцы — нет. Они ушли, избегая борьбы. Теперь всё наоборот: палестинцы желают сражаться, а евреи — нет. Скажите мне, кто больше готов умереть за свои идеалы, и я скажу вам, кто (по крайней мере, в ближайшей перспективе) победит.

Тупик

Так или иначе у Израиля большие проблемы, несмотря на все достижения и впечатляющий экономический рост. Израильтяне знают, что долго так продолжаться не может. И они также знают, что решения у проблемы нет.

Но почему же люди не уезжают? По крайней мере ради своих детей?

Первая причина: они подсознательно надеются на чудо. Прочитайте Пасхальную Агаду[117]: «В каждом поколении они пытались уничтожить нас, и Бог спас нас».

---

[117] Пасхальная Хаггада (современное произношение — Агада) — сборник молитв, благословений, комментариев к Библии и песен, прямо или косвенно связанных с темой исхода из Египта и ритуалом праздника Песах. — *Прим. ред.*

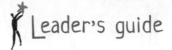

Точка. Другими словами, Бог найдёт способ спасти еврейский народ, как делал уже тысячи лет. Если вы повторяете эту молитву каждый день или хотя бы каждый год, в конечном счёте вы сами в неё поверите.

Некоторые израильтяне полагают, что отсутствие решений связано с нехваткой лидерских качеств у руководителей, и надеются, что если появится «правильный» лидер, он решит проблему.

Увы. Это ошибочный диагноз. Факт заключается в том, что нет решения, которое устроило бы большинство демократического Израиля, независимо от того, кто его предложит[118].

Вторая причина, по которой из Израиля до сих пор не уезжают массово (хотя те, кто в состоянии прилично устроиться, эмигрируют; «утечка мозгов» *имеет место*) — жизнь здесь совсем не так плоха. В стране проходят фестивали, звучит музыка, расцветает искусство, в ресторанах подают любую национальную еду, которую вы только пожелаете.

Жизнь в Израиле интересна и энергична. Израильтяне продолжают приспосабливаться к ухудшающейся ситуации и успокаивать друг друга, покуда нож не воткнулся в горло. *Al tidag. Yihye beseder*: «Не волнуйтесь. Всё будет в порядке».

А что тем временем происходит?

Поведение израильтян напоминает известную лягушку из притчи. Лягушка прыгнула в горшок с холодной водой. Горшок поставили на огонь, но лягушка даже не попробовала выскочить: ей было тепло и комфортно. Горшок грелся всё сильнее, и в конце концов лягушка сварилась.

Израильтяне, как эта лягушка, приспосабливаются к жизни со всё нарастающими проблемами.

Почему?

Одна из национальных черт еврейского народа — исключительная способность к адаптации. Это — наш самый большой актив, позволивший нации сохраниться, несмотря на все бедствия. Евреи приспособились даже к Освенциму. Они выжили.

---

118 Мне кажется, одно решение я всё-таки *придумал*. Оно очень-очень сырое, «прямо из коробки». См. эссе «Прямо из коробки: идея». — *Прим. авт.*

Но то, что хорошо для еврейского народа в целом, становится проблемой для евреев, живущих в Израиле. Вода в горшке уже почти кипит, а Израиль продолжает к этому приспосабливаться.

Ракеты льются дождем на Здерот, расположенный в районе Сектора Газа, и их дальность постепенно увеличивается. Палестинцы уже обстреливают Ашкелон, а скоро, возможно, в зоне поражения окажется Тель-Авив. Во время Второй войны с Ливаном ракеты взрывались в Хайфе. При этом остальной Израиль живёт как ни в чем не бывало.

Каждый задаётся вопросом, когда же лягушка попробует выпрыгнуть из котелка на огне. Или израильтяне так и будут сидеть в кипятке, пока не станет слишком поздно?

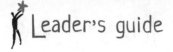

Прямо из коробки: идея[119]

Когда я указал в примечании к своему предыдущему эссе, что у меня есть идея «из коробки», которая может принести мир Израилю и палестинцам, я только начинал всерьёз размышлять над ней. И вот я уже готов изложить её на бумаге, но чем больше я пишу, тем большее разочарование меня посещает.

Как мы все мы знаем, дьявол — в деталях, а в этом случае он особенно ретив. Я прошу читателя помнить, что сам я переполнен сомнениями. Наверное, я сомневаюсь больше, чем кто-либо другой, хотя бы потому, что я дольше всех думаю над этой идеей.

Впрочем, плохие идеи рождают хорошие идеи. Возможно, кто-то, возмущенный моей никчемной мыслью, придумает что-то получше.

Сообщите мне, если у вас появятся какие-то соображения по этому поводу.

Исходные данные

Израиль хочет остаться еврейским государством для еврейского народа. В этом основа сионистской идеологии, которая, видимо, останется в таком виде еще как минимум некоторое время. Это означает еврейский флаг, еврейский гимн, еврейский язык, еврейское образование и т. д., а также «право на возвращение», предоставляющее любому еврею возможность иммигрировать в Израиль и получить его гражданство.

Я думаю, что палестинцы хотят иметь собственное государство, со своим собственным флагом, гимном, образованием и языком.

Одна из самых больших проблем — арабское население оккупированных Израилем территорий. Арабы уже составляют большинство в некоторых областях Израиля, включая Долину Галилеи. Если палестинцы не станут отказываться

---

119 Озарения Адизеса. Июнь, 2008.

по каким-то причинам от гражданства Израиля, еврейское население скоро станет меньшинством в еврейском государстве. С одной стороны, от арабов нельзя взять и избавиться, например, выслав куда-либо. С другой стороны, они — этническое большинство в Долине Галилеи, которую евреи считают своей исконной землей и, конечно, не согласятся отдать палестинскому государству.

Точно так же не может стать частью палестинского государства Яффа[120] — город-спутник Тель-Авива, большинство населения которого составляют арабы.

Но если Галилея и Яффа должны остаться частью Израиля, проблема не может быть решена.

Итак, проблема, на мой взгляд, заключается в следующем:

- имеются две страны, каждая из которых хочет иметь свою национальность и признанный суверенитет;
- эти страны расположены на одной территории;
- они смешиваются между собой;
- никто не может определить чёткие границы между ними.

Как быть двум нациям, вынужденным жить вместе, но не желающим иметь общее государство?

Идея (сумасшедшая и наивная, быть может)

Как насчёт одной страны, но с двумя отдельными парламентами, двумя видами паспортов, раздельными правоохранительными и судебными органами?

Правила такие. Во-первых, права собственности на землю должны быть немедленно заморожены в своем нынешнем виде. Евреям нельзя будет покупать участки или селиться на арабских территориях, и наоборот.

---

120 Яффа или Яффо, Яфо, Иоппия — один из главных портов древнего Израиля и один из древнейших непрерывно населенных городов мира. В 1950 г. города Тель-Авив и Яффа были объединены и управляются одним муниципалитетом. — *Прим. ред.*

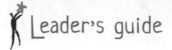

Никого нельзя выселять с занимаемых земель. Каждый остаётся там, где живет сейчас, но каждая нация получает свои собственные паспорта, свою местную полицию и собственные органы представительной власти.

Между этими кантонами не было бы никаких границ. Например, Назарет был бы частью Палестины, а Тель-Авив — частью Израиля. Иерусалим стал бы и столицей Израиля с еврейским флагом на Западной Стене, и столицей Палестины с палестинским флагом на мечети Аль Аксы.

Одна страна с двумя отдельными парламентами, двумя видами паспортов, раздельными правоохранительными и судебными органами.

У арабов и евреев была бы полная свобода безвизового передвижения между кантонами.

У каждой страны будет своя собственная валюта и центральный банк. Обе валюты должны иметь хождение во всех кантонах.

Чтобы лучше понять эту идею, представьте, что очень много поляков переезжают жить в Словакию, а словаки, наоборот, едут в Польшу. При этом никто не меняет гражданство, парламенты или полицию. Единственная разница — все живут вперемешку.

При этом и Словакия, и Польша — каждая со своим флагом, парламентом и т. д. — являются составными частями большого объединения, Европейского союза.

Что-то подобное могло бы быть на территории, включающей Израиль и Западный берег реки Иордан.

Должна быть инстанция, стоящая выше этих двух парламентов, для решения взаимно значимых вопросов, подобно тому, как Европейский союз имеет своё правительство в Брюсселе. Понадобится также общая полиция, что-то вроде американского ФБР, которое по статусу превосходит полицию штатов.

У этой двуединой страны, Израиль/Палестина, были бы одна армия и общая внешняя политика. Исполнительные органы власти должны подчиняться президенту, который будет избираться поочередно: один срок — палестинец, следующий срок — еврей.

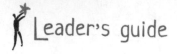

Как должен Израиль с открытыми границами поступать с террористами? Как любая страна поступает с преступниками: расследовать и судить.

Мои серьезные сомнения

Идея очень сырая и очень, очень сумасшедшая. Я знаю.

Здесь не приняты в расчёт внешние силы, такие как Иран, который через «прозрачные» границы между частями Израиля/Палестины будет поддерживать радикальных исламистов, стремящихся разрушить еврейское государство.

Я проигнорировал тот факт, что ХАМАС и Хезболла не согласятся ни на какое решение, за исключением полной ликвидации Израиля с политической карты мира. Я исхожу из предположения (в пользу которого доказательств очень мало), что евреи и арабы могут жить рядом, не посягая на территорию друг друга.

Мой план подразумевает, что палестинцы откажутся от своего требования возвратиться на земли, которыми они владели до 1948 г. (Здесь я бы хотел вернуться к идее, высказанной мною несколько лет назад: Израиль должен выплатить палестинцам компенсации за эти участки, давая им средства для восстановления экономики. Нельзя будет потратить компенсации на закупки оружия; их можно использовать только для создания совместных предприятий с американцами, европейцами или израильтянами.)

Остаётся множество проблем, про которые я ничего не написал просто потому, что совершенно не имею понятия, как иметь с ними дело. Армия должна быть только еврейской или же смешанной? Если второе, то кто будет ею командовать? Может ли быть выработана и осуществлена единая внешняя политика? И так далее, и так далее, почти ad infinitum[121].

---

[121] До бесконечности (лат.). — *Прим. ред.*

В общем, я сильно сомневаюсь, публиковать ли этот мой план. Думаю, что даже сама вероятность его рассмотрения примерно равна нулю. Но ситуация настолько очевидно нетерпима и настолько сложна, что любое, даже сумасшедшее решение, будет лучшим способом начать конструктивное обсуждение.

Ещё раз скажу: я надеюсь, что некоторые из вас, возмущённые глупостью этого решения, придумают что-то получше[122].

---

122 Обновление 2009 г.: Амиэль Унгер в Иерусалимском отчете за апрель 2009 г. привёл очень убедительный аргумент. Он утверждает, что реальная проблема в израильско-палестинских отношениях не земля или идентичность, а легитимность. Радикальные палестинцы не хотят признавать, что еврейский народ живёт рядом с ними на законных основаниях. Они хотят, чтобы Израиль исчез. Точка. Если всё обстоит именно так, то соглашения о земле, флаг, язык, и любые другие меры не будут работать: им нужна только полная ликвидация Государства Израиль. В этом случае мой план хуже, чем мечта. Это кошмар. — *Прим. авт.*

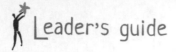

Израиль, мир и реальность[123]

Угроза существованию Израиля нарастает. Он быстро теряет друзей. Международные СМИ враждебно к нему настроены. Левые в самом Израиле разжигают огонь враждебности к нему, обвиняя Израиль в нарушении этических и медицинских норм в ходе недавней операции в Секторе Газа.

От мира остаётся скрытым тот факт, что ракеты, запущенные из Сектора Газа, падают всё ближе и ближе к Тель-Авиву; и что некоторые из них попадают в школы (к счастью, до сих пор, это случалось по субботам, когда школы закрыты); и что обстрелы случаются почти всегда около 8 утра, когда дети идут на занятия.

Мировые СМИ не придают этому значения. По телевидению в Европе (как и в других странах, где я был) не говорят о ежедневных ракетных ударах. Зато много рассказывают о страданиях населения в Секторе Газа. Стандарты поведения, применяемые в отношении способов, которыми Израиль должен защищать себя, не применяются ни к одной другой стране.

> ***Стандарты поведения, применяемые в отношении способов, которыми Израиль должен защищать себя, не применяются ни к одной другой стране.***

Теперь я прошу, чтобы читатель закрыл глаза и вообразил себя сидящим в своей гостиной.

Представьте во всех деталях место в тридцати километрах от вашего дома. Затем вообразите, что соседняя страна, которая постоянно заявляет о своём намерении стереть вашу страну с лица земли, обстреливает это место ракетами. Каждое утро, пока ваши дети идут в школу, смертоносный снаряд со свистом пронзает небо. Так было уже более восьми тысяч раз.

Теперь спросите себя: чтобы вы сделали, если бы такое продолжалось годами? Чего бы вы потребовали от своего правительства?

---

[123] Озарения Адизеса. Апрель, 2009.

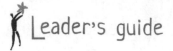

У Израиля большие проблемы дома и в международных отношениях, он теряет друзей, а время платить по счетам неумолимо приближается. Что-то должно случиться.

Будучи за пределами Израиля, вы быстро осознаёте, в каком по-настоящему тяжёлом положении оказалось это государство. Но, что удивительно, в самом в Израиле вы не ощущаете ни страха, ни беспокойства. Страна быстро развивается. Когда во время финансового кризиса фондовые рынки падали, акции на тель-авивской бирже росли.

Израиль занят выборами, вопросами развития экономики, он беспокоится по поводу иранской ядерной угрозы. Вопросы налаживания международных отношений имеют очень низкий приоритет: в государственном бюджете на организацию культурных обменов и на объяснение положения в Израиле за рубежом выделен 1 миллион долларов. Все мы знаем, что на миллион долларов почти ничего нельзя сделать.

Откуда эта отчуждённость? Я вижу тому несколько причин. Во-первых, израильтяне глубоко убеждены, что мир в целом настроен антисемитски и любые попытки Израиля объяснить свои действия не могут быть эффективны. Им надоело объяснять.

Во-вторых, находясь в Израиле, вы чувствуете себя в безопасности. Страна процветает: небоскребы светятся почти всю ночь, строятся шоссе, а израильские IT-компании доминируют на мировом рынке. Есть ощущение, что «мы всё можем и всё преодолеем».

Это ощущение неуязвимости сильно тревожит меня. Именно такие настроения доминировали в еврейском сообществе Германии, когда Гитлер пришёл к власти. В исторической ретроспективе эта способность не видеть очевидного дорого нам обходится: к тому моменту, когда закрывать глаза на факты уже невозможно, время оказывается безнадёжно упущено.

Переживаю ли я по поводу Израиля? Да. Более чем когда-либо.

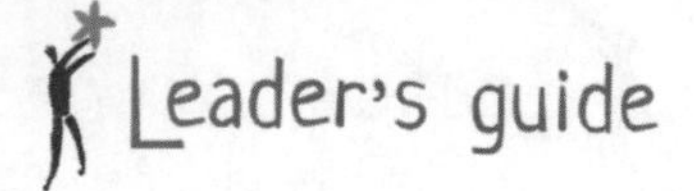

Возможное, желаемое и необходимое на Ближнем Востоке[124]

Давайте проанализируем ближневосточный конфликт между израильтянами и палестинцами, предъявляющими права на один и тот же самый участок земли.

Израиль и Палестина: фон

И израильтяне, и палестинцы предъявляют веские аргументы в свою пользу; и тем, и другим удавалось склонить в свою пользу симпатии мирового сообщества.

Когда в конце Второй мировой войны вскрылись ужасающие факты фашистского геноцида в отношении европейских евреев, всем казалась очевидной необходимость дать этому народу землю, которую он сможет назвать своей родиной. Тогда же были также признаны исконные права евреев на древнюю землю под названием Израиль.

Еврейская иммиграция в Палестину началась в конце XIX столетия и проходила волнообразно. Проблема, однако, заключалась в том, что территории, с которых римские завоеватели изгнали иудеев в 70-е гг. нашей эры, не пустовали всё это время. Наряду с горсткой евреев, которые никогда не уходили с этой земли, здесь регулярно появлялись многочисленные кочевые племена арабов, и некоторые из них оседали, чтобы заниматься скотоводством и земледелием.

У Палестины не было титульного народа. На протяжении своей истории она бесчётное число раз сменила хозяина; последним была Османская империя.

---

[124] Озарения Адизеса. Июль, 2009.

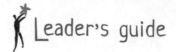

В конце Первой мировой войны Лига Наций разделила ближневосточный сегмент одряхлевшей империи на территориальные мандаты под внешним управлением с довольно произвольными границами — Сирию, Ливан, Иорданию, Палестину и Ирак, — планируя предоставление им в будущем независимости. Мандатными территориями[125] управляли Англия и Франция. Франции дали мандат по Сирии и Ливану, а Великобритании — по Ираку, Иордании и Палестине.

Ирак, Сирия, Ливан и Иордания действительно в конечном счёте стали независимыми странами (в 1932, 1946, 1941 и 1946 гг. соответственно). А Палестину, созданную после Второй мировой войны, Организация Объединённых Наций разделила ещё раз, намереваясь создать зону безопасности для евреев. Так на карте появились еврейская и арабская территории.

Арабские страны, однако, отказались признать это решение, и, как только Израиль объявил о своей независимости в 1948 году, начали против него войну.

Когда рассеялся дым, в руках израильтян оказалась значительно более крупная территория, чем было предусмотрено планом ООН. Тысячи палестинских арабов бежали и были изгнаны из своих домов, став беженцами.

Пять последующих войн только усугубили проблему, особенно Шестидневная война в 1967 г., по итогам которой Израиль отвоевал Иерусалим и Западный берег реки Иордан у Иордании, Синай у Египта, Голанские высоты у Сирии. Евреям отошла почти вся территория, на которой в 1947 г. ООН намеревалась создать арабскую Палестину.

В 1979 г., после подписания мирного договора с Израилем, Синай был возвращён Египту. Остальные территории по-прежнему считаются спорными. Тем временем, израильские поселенцы активно осваивали эти земли, заводя ситуацию в тупик. Израильтяне не вернут эти земли без подписания такого мирного договора, которому они смогут доверять; но даже и в этом случае они не смогут всё вернуть из-за

---

[125] Мандатная территория — территория, на которую Лига Наций выдала мандат на внешнее управление согласно статье 22 Версальского договора. После вхождения в силу Устава ООН 24 октября 1945 г. мандатные территории Лиги Наций стали именоваться подопечными территориями ООН. — *Прим. ред.*

наличия там поселений. С другой стороны, условия мирного договора, которые могут предложить палестинцы, означают для евреев ликвидацию их государственности.

Похоже, у проблемы нет решения.

Возможное, желаемое и необходимое: последовательность имеет значение

Качественный анализ и решение проблемы состоит из следующих этапов:

Во-первых, мы должны понять, что в действительности *происходит* сейчас.

Во-вторых, исходя из этого, надо ясно сформулировать, чего мы хотим.

Найдя компромисс между желаемым и возможным, мы поймем, что *требуется* сделать.

В жизни часто всё не так. Сначала мы решаем, чего нам *хочется*.

Дальше мы намечаем, что нужно сделать, чтобы добиться того, чего хотим. Одна переменная выпадает из уравнения: мы полностью *игнорируем действительность*.

Мне кажется, на Ближнем Востоке обе стороны действовали в неправильной последовательности. Определившись со своими *желаниями*, они решают, что будут *делать*.

О *действительности* они не вспоминают.

Палестинский подход

В начальной стадии жизненного цикла любой организации, в том числе государства, совершенно естественно сосредоточиться на собственных целях. Государственность палестинцев находится в стадии зарождения. Точно такой же была государственность евреев в конце XIX — начале XX века, когда сионизм только начал пускать корни. И думают они примерно сходным образом: чтобы построить страну, надо сначала понять, для чего.

Когда отец современного сионизма Теодор Герцль[126] начал дискуссию о независимом еврейском государстве, он заявил: «Если вы сделаете это, это уже не будет сказкой»; другими словами, если вы хотите чего-то очень сильно, это может произойти. У палестинцев, вероятно, есть собственная цитата на ту же тему.

Чего *хотят* арабы? Они *хотят*, чтобы миллионы потомков первых палестинских беженцев вернулись в родные места. Их не волнует, что для осуществления этого желания Израиль должен впустить миллионы палестинцев и, таким образом, перестать быть еврейским государством. Если бы это произошло, вековым стремлениям евреев иметь собственную страну, где бы они чувствовали себя в безопасности (по крайней мере, в психологическом отношении), пришёл бы конец.

Арабы также *хотят*, чтобы Израиль вернулся в границы 1967 г., а для этого пришлось бы выселить сотни тысяч израильтян, живущих за их пределами.

В Израиле попросту нет лидера, располагающего необходимыми для реализации такого решения полномочиями, властью и влиянием.

Израиль — демократическое государство; его правительство, как и в Соединённых Штатах, может выиграть или проиграть очередные выборы. Если израильские лидеры хотят оставаться у власти, они должны идти по очень тонкой грани между тем, что они могут, и тем, чего они не могут делать.

То, чего *хотят* палестинцы, никогда не произойдет. Шесть миллионов израильтян не могут просто исчезнуть; они не разъедутся по странам, откуда иммигрировали в Израиль; и в границы 1967 г. они не вернутся; и жить в палестинском государстве не будут. Палестинцы не смогут сделать жизнь евреев *настолько* невыносимой, чтобы те согласились на любые их требования. Ни одна интифада не заставит израильтян покинуть Землю Обетованную. Евреи приспособятся к постоянному террору, и мы уже видим, как это происходит.

---

[126] Теодор Герцль (Theodor Herzl; на иврите Биньямин Зеэв; 1860–1904) — еврейский общественный и политический деятель, основатель Всемирной сионистской организации, основоположник идеологии политического сионизма. — *Прим. ред.*

Израильский подход

Евреев притесняли и преследовали 2500 лет; можно сказать, что в этом они стали экспертами. В коллективной памяти еврейского народа всё ещё свежи ужасы Второй мировой войны. Лозунг «никогда снова» не пустая фраза для евреев; это — присяга, обещание будущим поколениям.

> ***Реальность состоит в том, что они должны жить вместе... Палестинское государство будет создано, экономические связи будут налажены... Палестинцы освоят иврит, а евреи — арабский. Только это решение будет работать.***

Чего *хотят* израильтяне? Они хотят быть нормальной нацией, со своей собственной страной, где они могли бы защитить себя от многочисленных врагов, с которыми сталкивались на протяжении многих поколений. Они *хотят*, чтобы среди палестинцев появился миролюбивый лидер, который откажется от требования вернуть беженцев на их прежние земли, пойдет на компромисс в отношении границ 1967 года (или согласится на существование еврейских анклавов в палестинских территориях) и подпишет мирный договор.

Иными словами, их желания — это предложения израильского премьер-министра Эхуда Барака, сделанные в Кэмп-Дэвиде в 2000 г., и большинство умеренных израильтян скажут, что на большие уступки пойти *невозможно*[127]. (Израильские крайне правые, кажется, хотят, чтобы палестинцы просто растворились среди населения окружающих арабских стран и перестали существовать как нация, претендующая на собственную государственность; но те вовсе не собираются поступать подобным образом. Единственным человеком в мире, который, возможно, располагал достаточным влиянием среди палестинцев, чтобы реализовать данный сце-

---

[127] Правительство Э. Барака начало переговоры с палестинцами об окончательной фазе урегулирования ближневосточного конфликта в рамках переговоров с Ясиром Арафатом в Кэмп-Дэвиде осенью 2000 г. при посредничестве президента США Билла Клинтона. Переговоры результатов не принесли, хотя Эхуд Барак предлагал палестинской стороне существенные уступки, вплоть до раздела Иерусалима. Провал переговоров привел к обострению интифады, развалу правительственной коалиции и похоронил планы политических реформ Эхуда Барака. — *Прим. ред.*

нарий, был Ясир Арафат, но и он не пошёл на такой шаг (или не смог). И вот теперь он мёртв. Пройдёт ещё очень много времени, прежде чем у палестинцев появится лидер, достаточно сильный, чтобы сделать это и остаться политически живым.)

Могут ли израильтяне сделать жизнь палестинцев настолько нестерпимой, чтобы те пали на колени и согласились с любым израильским решением? Ни в коем случае.

Чем хуже становится жизнь палестинцев, тем меньше шансов на появление миролюбивого лидера, способного справиться с толпой.

Таким образом, решение, основанное на *желаниях* Израиля, тоже тупик.

Поскольку обе стороны решают, что нужно делать, исходя из своих *желаний*, и не принимают в расчёт объективную реальность, поиски осуществимого варианта заходят в тупик.

То, что любая из сторон хочет, никогда не произойдёт, независимо от числа принесённых на алтарь жертв. И если обе стороны принимают в расчёт только собственные *желания*, которые они не желают обсуждать, то ни одна из них не будет в состоянии сделать то, что *требуется* для решения проблемы.

А что же в *действительности*? Как будет развиваться ситуация? Не так, как стороны *хотят*, и не так, как они *планируют*. Если ситуацию пустить на самотёк (исключим вмешательство внешних сил, например, когда под давлением Соединённых Штатов Израиль уходит с оккупированных территорий), ситуация будет становиться всё хуже и хуже. Обе стороны будут всё больше страдать.

Стороны согласятся изменить свои неработающие стратегии лишь тогда, когда *действительность* станет ужасной настолько, что они будут вынуждены расстаться со своими *мечтаниями и ожиданиями* в отношении другой стороны. Только тогда станет возможным изменение парадигмы.

Худший вариант

Насколько плохо должно всё стать?

Я думаю о ядерном взрыве. Тактические ядерные устройства уже *существуют*. Единственный вопрос заключается в том, когда именно неконтролируемая палестинскими властями группа радикалов, поддержанных Осамой бин Ладеном, или Ираном, или Пакистаном, заполучит такое устройство. Им нетрудно будет найти террориста-смертника, который вместо «пояса шахида» наденет ядерный рюкзачок и взорвёт его в Тель-Авиве или Хайфе. И пусть вместе с евреями погибнут тысячи арабов, эти фанатики посчитают их «сопутствующим ущербом». Их это совершенно не останавливает, ведь они убили уже многих израильских арабов при взрывах в автобусах и в совместных арабо-израильских кафе.

Израильтяне примут ответные меры. И вот когда умрут сотни тысяч, а не 20 здесь и 30 там, когда массовое разрушение сотрясёт мир до основания, — только тогда произойдет изменение парадигмы и случится переход от схемы «*желаемое–ожидаемое–возможное*» к схеме «*возможное–желаемое–ожидаемое*». Сторонам, наконец, придется иметь дело с реальностью.

А реальность состоит в том, что они *должны* жить вместе. Они соседи. У них общий воздух и вода, которые не признают человеческих границ. Палестинское государство *будет* создано, экономическое сотрудничество *будет* налажено, свобода передвижения рабочей силы и товаров между странами *будет* предоставлена, палестинцы изучат иврит, а израильтяне — арабский язык, обе стороны уберут из школьных учебников ненависть и презрение и запретят разжигание вражды в СМИ. Это единственное решение, которое может работать.

Но пока стороны не готовы к этой реальности.

Оба народа живут в страхе и без веры. Оба в начале жизненного цикла, когда *желания* доминируют над логикой. Принятие действительности приходит со зрелостью или же после катастрофы. Тогда люди расстаются с мечтами и начинают думать о возможностях.

Похоже, людям необходим действительно серьёзный кризис, чтобы существенно изменить вектор движения. Чем большее требуется изменение, тем больший кризис должен случиться, чтобы вызвать необходимые изменения парадигмы и мышления.

Различия между американской и израильской стратегиями в отношении Ирана[128]

Курица и свинья дружили много лет.

Однажды у курицы возникла прекрасная идея:

«Давай откроем ресторан, где будем подавать американский завтрак из ветчины и яиц и заработаем кучу денег», — предложила она свинье.

«Идея замечательная, — сказала свинья, — за одним маленьким исключением: для её реализации от тебя потребуется только маленький вклад, а от меня — жертва!»

Несмотря на дружбу между Соединёнными Штатами и Израилем (или даже Европой и Израилем), они совсем по-разному рискуют, если Иран достигнет успеха в создании ядерного оружия.

Радикальные иранские клерикалы неоднократно выражали свое болезненное желание стереть Израиль с карты мира. И кто говорит, что это пустые слова? Может Израиль быть в этом уверен? И какую цену ему придется заплатить, если всё-таки это предположение окажется неправильным?

---

[128] Озарения Адизеса. Август, 2009.

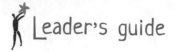

Что сделали бы США, если бы Аль-Каида установила ядерные ракеты на Кубе и объявила о своем намерении стереть с карты часть штатов? Начали бы переговоры для решения проблемы?

Когда нет выбора, не о чем думать. Надо действовать. И у Израиля нет выбора. Он должен помешать Ирану создавать ядерный арсенал.

Однако ставки для Соединённых Штатов слишком высоки. Они не могут напасть на Иран, чтобы открыть третий фронт. Проявляя по отношению к Ирану воинственность, поддерживая действия Израиля, стремящегося остановить Иран, США неизбежно вызовут агрессивную реакцию со стороны радикальных мусульман.

Какую стратегию избрать Соединённым Штатам?

Скажите миру, что вы за переговоры, за дипломатическое разрешение конфликта. Пошлите Министра обороны Роберта Гейтса в Израиль, где он перед телекамерами заявит, что предложил израильскому руководству набраться терпения и ждать и т. д. Тем временем спокойно и тайно поощрите израильтян делать грязную работу. Пусть в общественном мнении Соединённые Штаты выглядят миролюбивой державой, в то время как Израиль сделает то, что необходимо.

Бедствие для связей с общественностью

Прекрасный сценарий для Соединённых Штатов, но бедствие для израильских связей с общественностью. В очередной раз Израиль будет уличён в том, что он агрессор, не поддающийся контролю ближневосточный хулиган, неблагодарный союзник, отклоняющий советы своего благодетеля и применяющий силу даже тогда, когда Соединённые Штаты советуют от этого воздержаться.

Что это означает для Израиля в долгосрочной перспективе?

У Израиля осталось не так уж много друзей в семье народов. Левые во всем мире настроены антиизраильски, потому что они всегда поддерживают проигравшего. Антисемиты наслаждаются очередным шансом подпитать свою ненависть.

Как ни парадоксально, но единственные верные сторонники Израиля — радикальные христиане, ибо в Библии сказано, что Бог обещал эту землю евреям. Эта поддержка непоколебима, ведь обещание Бога твердо, но... сколько голосов сейчас у радикальных христиан? Разве не уменьшилось их политическое влияние после того, как Джордж У. Буш покинул Белый дом?

Растущие антиизраильские настроения должны были бы заставить Израиль бросить все силы на налаживание связей с общественностью. Вместо этого он продолжает размещать рекламу, где молодые израильские девочки в бикини завлекают туристов в Святую землю...

К сожалению, Израиль, кажется, не сильно волнует отношение к нему в мире. PR Израиля можно оценить как «ниже среднего». Их проповедь обращена к хору, поющему в синагоге...

Почему? Разве не они должны беспокоиться по поводу роста антиизраильских настроений?

Что ещё нового?

Когда несколько лет назад я попытался убедить очень высокопоставленного члена израильского правительства инвестировать деньги в стратегические связи с общественностью, он сказал: «Это не поможет. Они всё равно будут нас ненавидеть». И он не одинок в своих чувствах.

Тысячи лет евреев отвергали, критиковали и ненавидели. Что здесь нового? Евреи принимают это и продолжают идти.

Проблема в том, что именно сейчас эта непроницаемость для критики и ненависти плохо служит Израилю. Против него может ополчиться весь мир, и это беспокоит меня. Я легко могу себе представить, что на отношения с Израилем будет наложено эмбарго, причём прервутся не только научные и культурные связи, но также и экономические. И поскольку голос радикальных христиан слышен всё слабее, а проарабское лобби набирает силу, я могу даже вообразить, что Израиль лишится такого союзника, как США. Если это случится, американское еврейство будет парализовано: поддержка Израиля с его стороны может возбудить сомнения относительно преданности евреев Америке.

Израиль в *опасности*. В *смертельной* опасности.

Это цугцванг: что бы вы ни сделали, ситуация станет хуже. Но ещё хуже она станет, если ничего не делать.

Что значит быть евреем (часть 1 из 3)[129]

В этом году я посетил Иерусалим во время праздника Йом-Кипур, и во время молитв меня посетили некоторые мысли, которыми я бы хотел с вами поделиться.

Из этих мыслей возникли три озарения, связанные между собой; это — первое.

Франкфурт, паспортный контроль

Сверху вниз на меня смотрит человек в униформе полицейского. Он проверяет мой паспорт. Я нервничаю. Почему? У меня действующий паспорт. Виза не нужна. Я ничего запрещённого не везу. Что меня напрягает?

И тут я понимаю: это — немецкий полицейский.

Прошло 60 лет с тех пор, как я был в концлагере. Но так или иначе моё тело помнит и реагирует.

---

[129] Озарения Адизеса. Октябрь, 2009.

Полёт в Израиль

Я лечу в Тель-Авив. Объявили посадку; нас сажают в автобус и везут от ворот к пустынному месту, где стоит самолёт, окружённый полицейскими с автоматами. Наш автобус сопровождает патрульная машина.

Я чувствую напряжение. Моя жизнь в опасности. Возможен террористический акт.

За мной охотятся. Я всё время настороже.

Рига, Латвия

После получения тринадцатой почётной докторской степени я беру день отдыха и отправляюсь посмотреть город и посетить синагогу. Выше Ковчега Святыни[130] я вижу надпись на иврите: «Благословен Господь, Который не дал нас в добычу зубам их»[131].

Выше Ковчега Святыни я вижу надпись на иврите: «Благословен Господь, Который не дал нас в добычу зубам их».

Это необычно. Я не видел раньше эту цитату в синагоге. Никогда. Я спрашиваю дежурного, почему здесь приведен именно этот стих из Ветхого Завета.

Он говорит мне, что перед войной в Риге жили 70 000 евреев, из которых уцелели лишь несколько человек[132]. Оставшиеся в живых построили эту синагогу в благодарность за то, что Бог помог им выжить.

---

[130] Ковчег Святыни — специальное хранилище для свитков Торы. — *Прим. ред.*

[131] Ветхий Завет, Псалтырь, псалом 123. — *Прим. ред.*

[132] По последней предвоенной переписи населения Латвии (1935 г.), в Риге насчитывалось 43 672 еврея из 385 063 жителей, или 11,34%. Когда 13 октября 1944 г. в Ригу вошла Красная армия, в живых в городе оставались неполные две сотни евреев, совершивших побег и спасённых их согражданами-неевреями. Всего гитлеровскую оккупацию пережили менее тысячи рижских евреев. — *Прим. ред.*

Я спрашиваю: «Что стало с остальными? Попали в газовые камеры?».

«Нет, вряд ли, — отвечает служитель. — Латвия наполовину покрыта лесами. Мужчин, женщин и детей вывозили туда, расстреливали и сбрасывали в братские могилы.

Около 40 женщин и детей спрятались в синагоге в надежде, что святое место даст им убежище. Нацисты облили здание бензином и сожгли всех заживо».

Я не могу сдержать слёз. Я смущён: лишь накануне меня чествовали на церемонии награждения почётной докторской степенью, а теперь ничего не могу с собой поделать и плачу...

Киев

В Киеве есть большая скульптура Богдана Хмельницкого. Он был национальным украинским лидером и большим *oher Israel* [врагом евреев], учинившим множество погромов. Я снова в напряжении.

Семье моей жены принадлежит часть свитка Торы, передаваемого из поколения в поколение. В центре пергамента большое бурое пятно — кровь евреев, убитых во время Кишинёвского погрома в 1903 г.

Унаследованные воспоминания

Я читаю книгу о евреях времён испанской инквизиции. Поскольку я — сефард[133], именно мои предки были замучены тогда. Я замечаю, что потею при чтении этой книги.

---

[133] Сефарды — субэтническая группа евреев, сформировавшаяся на Пиренейском полуострове. Стали называться сефардами (на современном иврите — «испанцы») после их изгнания из Испании и Португалии в конце 1492 года и после исхода с Пиренейского полуострова. — *Прим. ред.*

Кажется, в наших генах зашифрованы не только личностные и физические особенности; похоже, они передают ещё и травмирующие воспоминания.

Мой друг однажды спросил меня: к чему вообще быть евреем? «Зачем страдать? Неужели не достаточно?»

Он может выбрать, кому служить, как и кому молиться и молиться ли вообще, но невозможно не быть евреем, пока твои клетки помнят, что это значит — быть евреем.

По данным американских учёных (я читал об этом в израильской газете), израильтяне демонстрируют поведение, характерное для посттравматического синдрома. Меня это не удивляет. Холокост со мной, в моих клетках, в моем поту…

Прибежище

Однажды по телеканалу *Animal Planet* я смотрел программу о редкой вымирающей породе морских львов. Им дали прибежище, остров у берегов Мексики, и никому не разрешают беспокоить их там или охотиться на них. Других животных обитавших на том острове, переселили в другие места, чтобы дать морским львам шанс на выживание.

О, Боже, — сказал я себе. Почему китам и морским львам дают безопасную территорию, а евреям — нет? На нас охотились, сжигали нас, травили газом, калечили в течение многих поколений. Нет никого в Израиле, у кого хотя бы один родственник не поплатился жизнью за свою национальность. В одной только моей семье я насчитал таких 103 человека, включая моих бабушку и дедушку, погибших в газовой камере в Треблинке.

Почему не может ООН объявить евреев нацией, находящейся под угрозой уничтожения (нас всего 13 миллионов во всём мире)? Мы просто хотим жить в мире на нашей исторической родине, в Израиле, на этом крошечном клочке суши, 63% которого составляет пустыня. Почему не преследовать по суду тех, кто пытается убить нас, как иранский президент Махмуд Ахмадинежад, утверждающий, что никакого Холокоста не было, и часто обещающий стереть Израиль и израильтян с лица земли.

И его угрозы не пустой звук. Иран упорно работает над созданием ядерной бомбы.

Мне часто приходится слышать от разных людей примерно следующее: «У евреев власть. Они управляют миром. Это *нас* надо защищать, а не *их*. Они слишком сильны, богаты и умны...»

Если мы настолько сильны и умны, почему в каждом поколении нас притесняют и убивают, а мы не в состоянии предотвратить это?

Когда это закончится? Когда мое тело перестанет чувствовать опасность? Мои дети тоже станут такими? И внуки?

Смогут ли когда-нибудь евреи жить в мире? Когда же мир, наконец, признает наше право на мир, право на жизнь?

Может ли Израиль добиться большего? (часть 2 из 3)

Согласно идеологии сионизма, Израиль — еврейское государство, в котором каждый еврей может получить безопасное убежище. Любой еврей, где бы он ни родился, автоматически имеет право на израильское гражданство.

Израиль с его западной культурой — маленький остров в четвертьмиллиардном море мусульман, большинство которых отвергает западные ценности и чувствует, что они угрожают его привычному укладу.

Пройдя через две с половиной тысячи лет преследований и ужасы Холокоста, евреи вполне вправе строить свое государство именно таким образом. Но к чему это приводит?

Есть еврейское государство, в котором арабское меньшинство (то есть неевреи) рассматривается как чужеродный элемент. Только-только репатриирован-

ный еврей имеет больше прав, чем родившийся в Израиле араб, все предки которого жили на этой земле.

Израиль с его западной культурой — маленький остров в четвертьмиллиардном море мусульман, большинство которых отвергает западные ценности и чувствует, что они угрожают его привычному укладу. Израиль воспринимается как колонизатор, узурпирующий арабские земли, низводящий их коренных жителей до статуса людей второго сорта, и аванпост враждебных традиционной мусульманской культуре ценностей.

Странно ли, что мусульманский мир желает изгнать это инородное тело и навсегда избавиться от Израиля?

Конечно, невзирая ни на что, Израиль продолжает принимать все необходимые меры для своей защиты. Идёт война. А войны никогда не бывают простыми, лёгкими, или чистыми; в них гибнут гражданские лица и нарушаются права человека.

Но поведение Израиля отнюдь не хуже, чем поведение Соединённых Штатов во Вьетнаме и позже в Ираке. То же самое можно сказать о французах в Алжире или войсках союзников во время Второй мировой войны.

ООН расследовала их возможные преступления против человечества? Нет.

Зато недавно такое расследование было назначено в отношении Израиля, предоставляя обильную почву для инсинуаций со стороны антисемитов (они только и ждут очередного повода для нападок на Израиль).

Так как в мире не делают особой разницы между «своими» евреями и израильтянами, действия Израиля в отношении арабов в мирное и военное время лишь подогревают антисемитские настроения. Получается, что Израиль, вместо того чтобы защитить евреев во всем мире, создаёт дополнительную угрозу для еврейской диаспоры.

Израильтян эти трудности соплеменников за рубежом не очень волнуют. «Пусть скорее делают *aliya* [иммигрируют в Израиль]», — говорят они.

Разве это лучшее решение? Еврейский мудрец Раши однажды спросил себя, почему Бог счёл целесообразным расселить евреев во всём мире. И дал на этот вопрос такой ответ: «Найдя нас всех в одном месте, нашим врагам будет легче нас уничтожить».

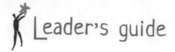

Действительно ли мы менее уязвимы в Израиле? Или, напротив, мы лёгкая добыча? И как нам остановить или по крайней мере сократить потоки антиизраильских публикаций в прессе, больно задевающих еврейскую диаспору?

Что делать?

Израиль должен направить свои усилия на более тесную интеграцию со странами Ближнего Востока. Нужно искреннее стремление стать его частью.

Что можно реально сделать? Может Израиль предоставить арабскому населению равные права? Пока нет. Во всяком случае до тех пор, пока терроризм — обычное явление в Израиле.

Прекратить войны? Это наше искреннее желание, но только лишь желания одной из сторон мало для того, чтобы подписать надёжный мирный договор.

Гуманизировать войны? Я искренне считаю, что израильская армия настолько гуманна, насколько это вообще возможно. Но война есть война, особенно когда враг действует из больниц и школ.

Глядя в прошлое, обычно можно довольно точно предсказать будущее. В жизни ситуации могут становиться лучше или ухудшаться; но улучшение требует от нас значительных усилий, а ухудшение, согласно правилу возрастания энтропии, наступает само.

И если экономическое положение Израиля за последние годы заметно улучшилось, то его отношения с его собственным арабским населением стали только хуже.

Израиль может добиться большего успеха. Это возможно. Например, можно так изменить систему образования, чтобы каждый выпускник средней школы бегло говорил на трёх языках: иврите, арабском и английском.

Следует преподавать не только еврейскую философию, но также и мусульманскую. У нас должно быть больше совместных арабо-израильских предприятий.

Всего этого мало, чтобы кардинально изменить картину, но если Израиль хочет быть полноценной частью Ближнего Востока, а не ближневосточным придатком Европы, то это шаги в правильном направлении.

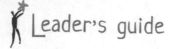

Quo vadis[134], сионизм? (часть 3 из 3)

Я боюсь, что это озарение сделает меня персоной нон грата в Израиле, стране, которую я люблю всем сердцем.

В Македонии, моей родной стране, я уже попал в подобную беду. Я посмел не согласиться с позицией правительства по поводу разногласий с Грецией относительно названия государства. Македонский премьер-министр даже потратил своё драгоценное время, чтобы осудить меня по телевидению.

Но я верю в девиз журнала *Ha Olam Haze*: «Без страха и отговорок». Позвольте высказать то, что меня тревожит, и, если кто-то может убедить меня, что я неправ, я буду первым, кто признает это публично.

Что же гнетёт меня?

Сионизм, движение за создание еврейского государства в Израиле, родилось из позорного антисемитского дела Дрейфуса[135] (случившегося в 1890-х годах во Франции). Пока шло расследование, журналист Теодор Герцль начал активно убеждать всех, что единственный способ, который позволит евреям перестать быть изгоями и париями — вернуться на родину, в Израиль и стать *ke kol ha amim,* то есть нормальной страной, как все другие страны.

Это выражение — *ke kol ha amim* — преследует меня.

Почему?

---

[134] Quo vadis? — Куда идешь? (лат.) — *Прим. перев.*

[135] Дело Дрейфуса — процесс (1894–1906) по делу о шпионаже в пользу Германской империи, в котором обвинялся офицер французского генерального штаба, еврей родом из Эльзаса (на тот момент территория Германии) капитан Альфред Дрейфус (1859–1935). Процесс сыграл огромную роль в истории Франции и Европы конца XIX века. В конечном итоге Дрейфус был оправдан, 12 июля 1906 г. суд признал Дрейфуса полностью невиновным; все обвинения с него были сняты, и он был восстановлен в армии и награждён орденом Почётного легиона. — *Прим. ред.*

По иронии судьбы каждая еврейская молитва содержит благодарность Богу за то, что он не создал нас *ke goyey ha adama* [как остальную часть мира].

Мы — «богоизбранный народ», которому уготована участь быть *or la goyeem*, светочем для всего мира.

И что же случилось, когда мы попытались стать такими же, как весь мир? Мы преуспели в этом.

Теперь у нас есть армия, и мы больше полагаемся на силу, чем на дух, чтобы решать наши проблемы; хотя именно особый дух — система ценностей, взаимопомощь и чрезмерная, обременяющая нас совесть — отличал еврейский народ в течение тысяч лет. *Ruah* (дух), а не *koah* (сила).

Сегодня Израиль не отличается от любой другой страны. У нас есть бедняки. У нас есть голодные дети. У нас есть еврейские проститутки и еврейские грабители. Наша система образования быстро деградирует; тускнеет и обесценивается самый драгоценный камень из короны еврейской культуры.

Другими словами, теперь мы «нормальны».

Этого мы хотим? Быть «нормальными»?

Сионисты мечтали, чтобы каждый еврей в мире иммигрировал в Израиль и был «нормален». Такой должна быть наша судьба? Таково наше общее видение Иудаизма? Именно так должно быть? А как же роль «светоча для целого мира», дающего моральные точки отсчета, действующего как канарейка в угольной шахте сознания?

Короче говоря, что произошло с нашей особенностью, «богоизбранностью»?

Опасности секуляризации

Вот ещё одна вещь, которая меня беспокоит: светские израильтяне ведут себя не так, как светские евреи где-либо ещё в мире.

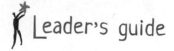

У них есть страна, армия, и они чувствуют себя в относительной безопасности. Они «нормальные», в отличие от евреев диаспоры, которые, где бы они ни жили, всё ещё ощущают себя инородным телом, «неправильными».

Но ставшим «нормальными» израильтянам присуще не только чувство защищённости. Они с полным правом чувствуют себя светскими. Светский сионист, то есть светский израильтянин, может оставаться иудеем и гордиться этим, не чувствуя вины за неисполнение религиозных ритуалов. Он иудей по умолчанию.

Совсем иначе чувствует себя еврей диаспоры. Если он не практикует религию, или делает это время от времени, он начинает сомневаться относительно подлинности или по крайней мере качества своей «еврейскости».

С учреждением Государства Израиль произошло непредумышленное отделение национальности от религии: вы можете быть евреем и соотечественником — светским израильтянином — но при этом не быть иудеем или не практиковать религию.

В Соединённых Штатах я не раз видел, как светские израильтяне игнорируют самые святые дни иудаизма, устраивая барбекю в Йом Кипур или публично употребляя свинину.

Светские израильтяне редко бывают в синагоге (если вообще в неё заглядывают). Они чувствуют себя израильтянами — во первых, во-вторых и в-третьих. Евреи? Да, но это совсем другие евреи. Как кто-то язвительно заметил об израильских евреях: «Они — гои, говорящие на иврите».

Израильтяне не чувствуют общности с мировым еврейством. Эмигрируя из Израиля, они часто не смешиваются с еврейским сообществом в их новой стране. Нет, они не исповедуют реформистский иудаизм[136] (в израильских школах высмеивают реформистов за их компромиссы с ортодоксальной практикой), но они также поня-

---

136 Реформистский иудаизм (сокращённо реформизм) — движение за обновление иудаизма. Возникло в Германии во втором десятилетии XIX в., оттуда распространилось на другие страны Центральной и Западной Европы и вызвало брожение в еврейских общинах Восточной Европы. Наиболее развит в США. В настоящее время приверженцами реформизма являются более 1 млн человек, в том числе в Израиле. — *Прим. ред.*

тия не имеют об ортодоксальном[137] или консервативном иудаизме[138], потому что они никогда этому не учились.

Возьмите меня, например. Пока я рос в Израиле, я не знал ни молитв, ни ритуалов. Всякий раз, когда я оказываюсь в синагоге, я чувствую себя потерянным, пришельцем; у меня есть болезненое ощущение, что я чужд этому.

Светский сионизм оборвал цепь, соединявшую многие поколения евреев. Молодые израильтяне не имеют религиозных корней; они чужды еврейскому сообществу во всём мире, и наоборот.

Молодых людей со всего мира приглашают посетить Израиль и пожить здесь некоторое время для того, чтобы укрепить их связь с иудаизмом. Я не согласен. Это может поощрить *aliya* (иммиграцию в Израиль), но никак не воспитать религиозные чувства. Напротив, в Израиле молодые люди видят, как можно оставаться евреем, не будучи иудеем.

Я ещё раз хочу это повторить: если вы израильтянин, от вас совершенно не требуется исповедовать иудейскую религию, чтобы быть евреем.

Но что произошло бы, если бы государство Израиль вдруг прекратило существование? Вернутся ли рассеянные по свету, вновь оставшиеся без родины светские израильтяне к религиозным традициям, которые когда-то помогли сохранить целостность еврейского народа, или же откажутся от своего еврейства?

Сможем мы выжить как светские израильские евреи без нашей земли, и если да, то долго ли?

---

[137] Ортодоксальный иудаизм — общее название течений в иудаизме, приверженцы которых, с исторической точки зрения, продолжатели еврейского религиозного мировоззрения, окончательно сформировавшегося в эпоху Позднего Средневековья и в начале Нового времени. — *Прим. ред.*

[138] Консервативный иудаизм — современное течение в иудаизме. Возникло в середине XIX века в Германии, первые организованные формы образовались в начале XX века в США. Консервативный иудаизм возник как ответ на гораздо более либеральные позиции Реформистского иудаизма и попытку найти компромисс между традиционным вероучением и современностью. — *Прим. ред.*

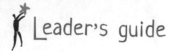

Действительно ли Герцль был ложным Мессией?

В 1970 г. я видел пьесу Джозефа Манди *It Turns*, воспоминания о которой свежи у меня и сегодня. В этой пьесе Теодор Герцль (основатель сионизма и «отец» Государства Израиль) обвиняется в том, что он «ложный мессия», подобный Шабтаю Цви[139].

В XVII столетии в Турции Шабтай Цви объявил себя Мессией; за ним пошли тысячи сторонников, веривших, что он принесёт искупительную жертву во имя еврейского народа. Однако позже Цви под угрозой смерти перешёл в ислам, побуждая многих своих последователей сделать то же самое. Это стоило еврейству тысяч отступников; в конечном счёте Шабтая объявили ложным мессией.

> ***Светский сионизм оборвал цепь, соединявшую многие поколения евреев.***

В пьесе Герцля спрашивают: «Вы тоже ложный мессия?»

Интересно. Если так, то для религиозного иудаизма (и друг для друга) потеряны миллионы евреев, ставших последователями Герцля, несмотря на то что они соблюдают обряды и состоят в близком родстве.

Беспокоит ли это нас? Может быть, пора что-то сделать, изменить приоритеты?

Я не думаю, что мы можем ответить на этот вопрос. Для этого пришлось бы полностью изменить ход истории и отказать еврейскому народу в праве на собственную страну — Израиль. Пути назад к ужасному прошлому нет, и я благодарен за это.

У еврейского народа должен быть Израиль, должна быть собственная страна, как и у всех других народов. Вопрос не «почему» или «что», а «как». Вот некоторые мысли для начала обсуждения.

---

[139] Шабтай Цви, также известный как Амира, или Мехмет Эфенди (1626–1676) — каббалист, один из самых известных еврейских лжемессий; лидер массового движения XVII века, охватившего почти все еврейские общины; мессианское движение почти прекратилось, когда он неожиданно принял ислам. — *Прим. ред.*

Сионизм для XXI века

1. Израиль должен возвратиться к корням, к своей религии и преподавать иудаизм со всеми ритуалами начиная с детского сада. Это позволит через нашу общую религию восстановить связь с евреями во всём мире. Нас объединяет именно религия, а не проповедуемый сионистами еврейский национализм.

Обратите внимание: под «религией» я не обязательно имею в виду ортодоксальную практику. Поскольку в мировом иудаизме существует множество течений, то же самое должно быть и в Израиле. По различным причинам большинство светских евреев отвергло ортодоксальный иудаизм; из-за монополии ортодоксальных иудаистов, миллионы израильских евреев оказались отлучены от собственной религии.

Все евреи во всём мире должны иметь возможность молиться вместе, разделить чувство ответственности друг за друга и нашу приверженность *tikkun olam* (создание лучшего места в мире).

2. Чтобы быть сионистом, совершенно не обязательно жить в Израиле. Достаточно разделять принципы *необходимости* существования еврейского государства и возможности для любого еврея стать его гражданином.

3. Необходимо начать обсуждение путей реформирования сионизма в XXI веке. Какую роль Израиль должен играть в будущем еврейского народа? Что может дать евреям Израиль и что потребуется от них взамен?

Предлагаю продолжить дискуссию.

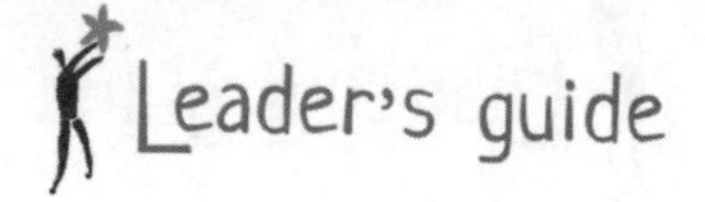

Об институте Адизеса

Последние 35 лет Институт Адизеса занимается подготовкой стратегически мыслящих управленцев, команд руководителей и активистов перемен, которые должны стать лидерами в своей отрасли и на своих рынках. Эти лидеры успешно реализуют совместную организационную культуру, применяя практические инструменты и понятия теории Адизеса для достижения максимальных показателей.

Адизес специализируется на обучении лидеров компаний (генеральных директоров, команд топ-менеджеров, советов директоров, владельцев) быстро и эффективно решать такие задачи, как:

трудности с принятием хороших решений;

переход от предпринимательства к профессиональному руководству;

трудности с выстраиванием такой структуры организации, которая соответствовала бы стратегической цели компании;

«бюрократизация»: когда организация теряет связь с рынками и начинает утрачивать свою жизнеспособность;

конфликты между основателями, владельцами, членами совета директоров, партнёрами и членами семьи;

серьёзные конфликты и «политические линии» внутри руководящего состава, которые могут повредить успеху предприятия;

увеличение количества проблем;

«столкновения культур» между компаниями, которые переживают слияние или поглощение.

Адизес также предлагает комплексную программу тренингов и сертификаты для тех руководителей, которые желают применить методологию Адизеса для проведения изменений в своей компании. Адизес является основным спонсором бизнес-школы Adizes Graduate School, некоммерческой образовательной организации, предлагающей магистерские и докторские программы обучения в области лидерства и изменений.

Чтобы получить более подробную информацию об этих программах, посетите страницу www.adizes.com.

Содержание

Мечтатель или провидец? ... 3

Введение ... 15

Часть 1. Глобальные проблемы, вызванные переменами

Непростые вопросы ... 18
Что значит «ответственность» ... 39
Роль управленческого образования в развивающихся экономиках ... 42
Терроризм — израильская проблема? ... 60
Терроризм: анализ и прогноз ... 64
Борьба с терроризмом: подход структуралиста ... 70
Каково быть президентом демократической страны? ... 73
Опасный дисбаланс ... 76
Побочные эффекты глобализации ... 78

Часть 2. Вызовы для стран с переходной экономикой

Признание реалий в Македонии ... 82
Проблемы развития в бывшей Югославии ... 84
Записки о президентской политике в Мексике ... 87
Развитие и качество жизни ... 90
Конституция развития Турции ... 95
Демографическая арифметика в Черногории ... 99
Проблема необузданной коррупции ... 102
Предсказуемое отступление Путина ... 106
Независимость Косово: трагедия и удача Сербии ... 109
Печальное наследие гражданской войны в Хорватии ... 115
Любое название, кроме «Македония» ... 120
Безропотные мученики России ... 125

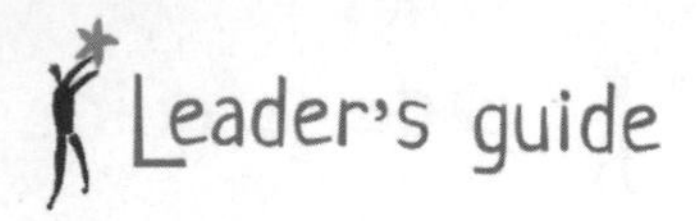

Часть 3. Вызовы, стоящие перед Соединёнными Штатами

Экспорт рабочих мест: необходимость или благо? 132
Поздравительный адрес по случаю инаугурации нового президента Америки: советы по изменениям в бизнесе и обществе 136
Торговцы наркотиками: талант, растраченный впустую 142
Альтернативный план медицинской реформы 143
Деструктивное послание Голливуда 147

Часть 4. Вызовы глобального финансового кризиса

Мой взгляд на финансовый кризис (часть I) 152
Мой взгляд на финансовый кризис (часть II) 156
Что вызвало кредитный кризис и где выход из него? 162

Часть 5. Вызовы, стоящие перед еврейским государством

Израильско-палестинский конфликт через призму бизнеса 174
«Вымирающий вид» 181
Почему в ближайшем будущем антисемитизм будет нарастать по экспоненте 186
Картер и еврейское сообщество 190
Тикающие бомбы Израиля 193
Прямо из коробки: идея 203
Израиль, мир и реальность 208
Возможное, желаемое и необходимое на Ближнем Востоке 210
Различия между американской и израильской стратегиями в отношении Ирана 217
Что значит быть евреем (часть 1 из 3) 220
Может ли Израиль добиться большего? (часть 2 из 3) 224
Quo vadis, сионизм? (часть 3 из 3) 228

Об институте Адизеса 234

*С 1995 года **CBSD/Thunderbird Russia** (Центр развития деловых навыков) проводит для своих клиентов – российских и международных компаний, а также компаний в странах СНГ бизнес тренинги, программы развития руководителей и специализированные программы в области HR. Благодаря долгосрочному стратегическому партнерству CBSD/Thunderbird Russia с международными образовательными организациями и профессиональными ассоциациями наши клиенты имеют возможность знакомиться с лучшим практическим опытом и технологиями лидеров мирового бизнеса.*

Наши особенности:

- мы гармонично сочетаем опыт наших профессиональных тренеров-консультантов и талантливые разработки наших международных партнеров
- мы проводим обучение на русском и на английском языках
- мы используем дистанционные методы обучения
- мы имеем возможность проводить обучение в регионах России и других странах СНГ

Наши решения:

- Курсы в открытом формате и полностью адаптированные для клиента программы в таких областях, как Развитие Менеджмента, Личная Эффективность, Продажи и Маркетинг, Управление Проектом, Финансы и Управленческий Учет, Управление Человеческими Ресурсами
- Программы для рядовых сотрудников, менеджеров среднего звена и высшего руководства
- Программы для групп численностью от 12 до 100 участников или индивидуальный коучинг
- Различные форматы программ: от 4-часовх тренинговых сессий до комплексных модульных программ, которые включают пред-программную и после-программную работу участников, тестирование, экзамены и проектную работу между модулями
- Симуляционные бизнес игры
    - 7 бизнес игр совместно с нашим партнером Eagle's Flight
    - 7 настольных и компьютерных симуляций совместно с нашим партнером BTS
- Сертификационные HR программы (GPHR, GRP)
- Программы по Лидерству компании Blanchard.